采购·仓储·物流工作手册系列

物流业务精细化管理工作手册

弗布克管理咨询中心　编著

化学工业出版社
·北京·

《物流业务精细化管理工作手册》从工作内容分析、工作细化执行两个层面，对物流管理的各项工作，包括包装管理、装卸搬运管理、仓储管理与库存控制、流通加工管理、运输与配送管理、物流信息系统管理、客户服务管理、物流成本管理、第三方物流管理、国际物流管理等方面进行了详述。

"工作要点＋工具表单＋工作流程＋制度模板"是本书的四大特点，实务性、操作性、工具性是本书的三大特性。

《物流业务精细化管理工作手册》适合企业物流管理从业人员、中高层管理人员、咨询及企业培训人员、专家学者使用。

图书在版编目（CIP）数据

物流业务精细化管理工作手册/弗布克管理咨询中心编著．—北京：化学工业出版社，2020.3（2022.1重印）
（采购·仓储·物流工作手册系列）
ISBN 978-7-122-35939-1

Ⅰ.①物⋯　Ⅱ.①弗⋯　Ⅲ.①物流管理-手册　Ⅳ.①F252.1-62

中国版本图书馆 CIP 数据核字（2020）第 007901 号

责任编辑：王淑燕　　　　　　　　　　文字编辑：林　丹
责任校对：王　静　　　　　　　　　　装帧设计：关　飞

出版发行：化学工业出版社（北京市东城区青年湖南街 13 号　邮政编码 100011）
印　　装：涿州市般润文化传播有限公司
710mm×1000mm　1/16　印张 13½　字数 257 千字　2022 年 1 月北京第 1 版第 2 次印刷

购书咨询：010-64518888　　　　　　　售后服务：010-64518899
网　　址：http://www.cip.com.cn
凡购买本书，如有缺损质量问题，本社销售中心负责调换。

定　　价：58.00 元　　　　　　　　　　　　　　　版权所有　违者必究

编写说明

当前，物流这个原来的"黑暗大陆"（德鲁克语）正受到前所未有的关注，在一些领域甚至有"得物流者得天下"的说法。

鉴于此，我们特推出"采购·仓储·物流工作手册系列"图书，旨在解决中国仓储物流业务的规范化运营与精细化执行问题。

向管理要效益，关键在于执行。企业在执行的过程中急需的是实务性的工具。只有运用各类实务性的执行工具，执行到位、有效执行、规范执行、按照制度和流程执行，才能提高企业的执行速度和运营效率，企业才会更加具有竞争力。

可以说，执行力是企业核心竞争力的重要体现，工作流程是企业效率的体现，而速度和细节决定成败。企业如果没有一套精细化的工作执行体系，不把日常管理中的每项工作通过具体的管理工具落到实处，则一切都会浮于表面、流于形式，成为"表面化"管理和"形式化"管理。

正是基于这样的思考，"采购·仓储·物流工作手册系列"从工作内容分析、工作精细化执行两个层面，通过工具、流程、制度、文案、规范、要点、技巧、模板、范例等多种形式，对仓储物流业务管理的各项工作进行详细阐述。

从整体上看，本系列图书涵盖仓储物流业务中的核心业务、关键岗位和关键部门，一方面通过《物流业务精细化管理工作手册》从全局的角度讲解物流业务知识的精细化应用，让读者全面掌握物流管理工作；另一方面通过《采购业务全流程风险管控工作手册》《仓库管理员精细化管理工作手册》《采购人员精细化管理工作手册》《配送人员精细化管理工作手册》四书，深入对仓储物流核心业务、关键部门和关键岗位的精细化执行进行阐述，关切读者的核心利益，使得本系列形成"1+4"的图书格局，进而提供了仓储物流全业务解决方案。

从内容上，本系列图书将企业日常仓储物流业务各类工作内容进行总结提炼，并将其中的关键环节制度化、模板化、规范化、文案化、工具化和流程化，为仓储物流业务工作人员提供各种可以借鉴的范例、模板、流程和工具。让读者能知道工作的关键是什么，自己具体应当做什么；通过业务的执行细化，读者能知道自己应该运用哪些具体的工具和制度，按照怎样的步骤去执行。最终，形成一套精细化的工作执行体系，以辅助仓储物流业务工作人员胜任本职工作，提升业务执行能力。

综上所述，本系列图书所提供的内容属于"参照式"范本，是仓储物流业务工作人员开展工作的工具书和细化执行手册。为了便于读者更好地应用本系列图书，特提出以下几点意见，以供读者参考。

（1）对于本系列图书提供的工具、制度、流程、文案和模板等，读者可根据所在企业的实际情况加以适当修改，或者参照设计，使之与本企业的实际情况相适应。

（2）读者可根据本系列图书的模式，将所在企业每个部门内每个工作事项清晰描述，并制定出具体执行的操作规范和工作流程。

（3）读者要在实践中不断改进已经形成的制度、模板、工具和流程，以达到高效管理、高效工作的目的，最终达成"赢在执行"的目标。

前言

物流正在成为与每个人都休戚相关的业务,物流服务正在以每年两位数的速度增长。物流企业如何规范化自己的业务？如何提高自己的运营效率？如何构建精细化的管理体系？通过各类实务性组合工具的应用,执行到位、有效执行、规范执行、按照制度和流程执行,能有效提高企业的执行速度和运营效率,从而提高企业的行业竞争力。

企业通过构建一套精细化的管理体系,不仅能把日常管理中的每项工作通过具体的管理工具落到实处,而且能推动企业的管理从表面化、形式化向精细化迈进。

本书从工作内容分析、工作细化执行两个层面,通过工具、流程、制度、方法等多种形式,对物流业务,包括包装管理、装卸搬运管理、仓储管理与库存控制、流通加工管理、运输与配送管理、物流信息系统管理、客户服务管理、物流成本管理、第三方物流管理、国际物流管理等方面进行了详述。

1. 说要点，讲方法，谈技巧

就每一项具体的任务,给出要点,给出方法,给出技巧。从要点中明确关键,切中要害；从方法中给出解决方案,让执行者知道怎么办；从技巧中得到提升,让执行者知道如何高效完成。通过要点＋方法＋技巧,让执行者了解业务,清晰执行方法,知道如何提高自己的工作效率。

2. 有制度，有流程，有工具

通过制度,让执行者知道如何遵从业务规范；通过流程,让执行者知道执行步骤；通过工具,让执行者记录工作过程。通过制度＋流程＋工具,让每一项工作都能实现人与事、事与流、执行与工具的完美结合。

3. 定准则，控风险，给范例

针对各项业务,提供各种可以借鉴的范例、模板、准则；针对部分业务,给出了一些风险提示。这些准则、风险和范例,让执行者不犯错误,少犯错误,从而提高工作效率，有效化解风险。通过准则＋风控＋范例，让每一项业务都有依据，有控制，有参照，能提高效率和效能。

综上所述，本书所提供的内容属于"参照式、模板式、范例式、查阅式"范本，是物流业务工作人员开展工作的工具书和细化执行手册。

本书由弗布克管理咨询中心统撰定稿。程淑丽编写了本书的第1~4章，张丽萍编写了第5章，张小会编写了第6~7章，金丹仙编写了第8章，孙立宏编写了第9~10章。

本书在编写的过程中难免有不妥之处，望广大读者批评指正。

编著者

2019年11月

目录

第1章 包装管理 / 1

1.1 包装业务的功能与常见纠纷 2
1.1.1 功能1：保护商品 2
1.1.2 功能2：推销商品 3
1.1.3 纠纷1：包装不够坚固 3
1.1.4 纠纷2：包装材料违规 3
1.1.5 纠纷3：危险品包装不严 4
1.1.6 纠纷4：包装违反文化习俗 4

1.2 包装管理细节 4
1.2.1 工具1：包装员工作明细表 4
1.2.2 工具2：货物包装明细单 5
1.2.3 工具3：包装费用分析表 5
1.2.4 流程：货物包装工作流程 6
1.2.5 制度：货物包装管理制度 8
1.2.6 方案：包装费用控制方案 9

第2章 装卸搬运管理 / 13

2.1 装卸搬运的内容、提升与方法 14
2.1.1 内容：装卸、堆垛、分拣、清扫 14
2.1.2 提升：五项合理化措施 14
2.1.3 方法：常见的装卸搬运方法 15

2.2 装卸搬运业务管理细节 16
2.2.1 工具1：装卸搬运费用表 16
2.2.2 工具2：货物中转记录表 17

  2.2.3 流程1：货物中转装卸搬运工作流程 …………………… 18
  2.2.4 流程2：货物仓储装卸搬运工作流程 …………………… 19
  2.2.5 制度1：货物装卸搬运作业管理制度 …………………… 20
  2.2.6 制度2：货物装卸搬运机具管理制度 …………………… 21
 2.3 装卸搬运风险管理细节 ……………………………………………… 22
  2.3.1 风险点：缺乏教育，风险意识淡薄 …………………… 22
  2.3.2 方法：学习海因里希法则 ……………………………… 23
  2.3.3 守则：装卸搬运人员工作守则 ………………………… 23
  2.3.4 制度：装卸搬运作业安全管理制度 …………………… 24

第3章 仓储管理与库存控制 / 27

 3.1 入库管理 ……………………………………………………………… 28
  3.1.1 要点：入库工作的关键内容 …………………………… 28
  3.1.2 工具1：货物检验单 …………………………………… 34
  3.1.3 工具2：货物拒收单 …………………………………… 35
  3.1.4 工具3：货物入库单 …………………………………… 35
  3.1.5 工具4：进货日报表 …………………………………… 36
  3.1.6 工具5：货物资料卡 …………………………………… 36
  3.1.7 流程：货物入库工作流程 ……………………………… 36
  3.1.8 制度1：货物入库管理制度 …………………………… 38
  3.1.9 制度2：货物验收管理制度 …………………………… 42
 3.2 仓储保管 ……………………………………………………………… 45
  3.2.1 要点：仓储保管工作的关键内容 ……………………… 45
  3.2.2 工具1：仓库分布明细表 ……………………………… 50
  3.2.3 工具2：仓库货物保管表 ……………………………… 50
  3.2.4 工具3：仓库货物盘点卡 ……………………………… 50
  3.2.5 工具4：仓库盘点记录表 ……………………………… 51
  3.2.6 工具5：盘点盈亏汇总表 ……………………………… 52
  3.2.7 工具6：库房温湿度记录表 …………………………… 52
  3.2.8 流程1：仓储保管工作流程 …………………………… 52
  3.2.9 流程2：仓库盘点工作流程 …………………………… 54
  3.2.10 制度：仓储保管管理制度 …………………………… 55
  3.2.11 合同：仓储保管合同 ………………………………… 57
 3.3 出库管理 ……………………………………………………………… 59
  3.3.1 要点：出库管理工作的关键内容 ……………………… 59

3.3.2 工具1：发货通知单 …………………………………………… 63
3.3.3 工具2：货物出库单 …………………………………………… 63
3.3.4 工具3：发货日报表 …………………………………………… 63
3.3.5 流程1：货物出库操作工作流程 ……………………………… 64
3.3.6 流程2：自动仓库出库工作流程 ……………………………… 66
3.3.7 规定：仓库货物出库管理规定 ………………………………… 67
3.4 退货管理 ……………………………………………………………… 67
3.4.1 要点：退货管理工作的关键内容 ……………………………… 67
3.4.2 工具1：货物退货单 …………………………………………… 69
3.4.3 工具2：退货缴库单 …………………………………………… 69
3.4.4 工具3：退货报告单 …………………………………………… 70
3.4.5 流程：退货处理工作流程 ……………………………………… 70
3.4.6 制度：退货管理制度 …………………………………………… 72
3.5 库存控制 ……………………………………………………………… 73
3.5.1 要点：库存控制工作的关键内容 ……………………………… 73
3.5.2 工具1：库存状态表 …………………………………………… 74
3.5.3 工具2：库存货物评估明细表 ………………………………… 75
3.5.4 工具3：积压变质货物处理表 ………………………………… 75
3.5.5 工具4：呆滞货物处理汇总表 ………………………………… 76
3.5.6 流程：库存管理工作流程 ……………………………………… 76
3.5.7 制度：库存控制管理制度 ……………………………………… 78

第4章 流通加工管理 / 81

4.1 流通加工业务的基本知识 …………………………………………… 82
4.1.1 功能：桥梁与纽带 ……………………………………………… 82
4.1.2 区别：流通加工与生产加工的不同点 ………………………… 82
4.2 流通加工管理细节 …………………………………………………… 82
4.2.1 工具1：流通加工信息表 ……………………………………… 82
4.2.2 工具2：蔬菜加工调查表 ……………………………………… 83
4.2.3 流程：流通加工管理流程 ……………………………………… 84
4.2.4 制度：流通加工管理办法 ……………………………………… 85

第5章 运输与配送管理 / 87

5.1 运输管理 ……………………………………………………………… 88

5.1.1	要点：运输管理的关键	88
5.1.2	工具1：货物运输通知单	93
5.1.3	工具2：汽车货物运输单	93
5.1.4	工具3：交运货品清单表	94
5.1.5	工具4：货物运输记录表	95
5.1.6	工具5：空运托运单	96
5.1.7	流程1：货物发运工作流程	96
5.1.8	流程2：货物中转工作流程	97
5.1.9	制度：运输车辆管理制度	99
5.1.10	合同：货物运输合同	102

5.2 配送管理 ········ 104

5.2.1	要点：配送管理的关键	104
5.2.2	工具1：配送计划表	107
5.2.3	工具2：配送订货单	108
5.2.4	工具3：配送货物调运单	109
5.2.5	工具4：配送成品拣货单	110
5.2.6	工具5：配送效率调查表	110
5.2.7	流程1：备货作业工作流程	111
5.2.8	流程2：货物分拣作业工作流程	112
5.2.9	流程3：配送作业工作流程	113
5.2.10	流程4：客户拒收工作流程	114
5.2.11	制度1：配送中心管理制度	115
5.2.12	制度2：配送人员管理制度	116
5.2.13	准则1：配送技术控制准则	118
5.2.14	准则2：配送订单填写准则	119

第6章 物流信息系统管理 / 121

6.1 物流信息系统的构造与业务关键点 ········ 122

6.1.1	构造：物流信息系统构造	122
6.1.2	关键：物流信息系统的业务关键点	122

6.2 物流信息系统管理细节 ········ 123

6.2.1	工具1：物流信息自检表	123
6.2.2	工具2：物流信息系统故障记录表	124
6.2.3	工具3：物流信息系统故障报告表	125
6.2.4	工具4：物流信息系统运用效果分析表	126

6.2.5　流程1：物流信息系统规划工作流程 ………………………………… 126
　　6.2.6　流程2：物流信息系统开发工作流程 ………………………………… 127
　　6.2.7　流程3：物流信息系统运行管理工作流程 …………………………… 129
　　6.2.8　制度1：物流信息管理制度 …………………………………………… 130
　　6.2.9　制度2：物流信息系统管理制度 ……………………………………… 131
　　6.2.10　制度3：物流信息系统安全管理制度 ………………………………… 133

第7章　客户服务管理　/ 137

7.1　客户关系管理的内容与要求 ……………………………………………………… 138
　　7.1.1　内容：客户关系管理的内容 …………………………………………… 138
　　7.1.2　要求：为客户提供一体化的物流服务解决方案 ……………………… 139
7.2　客户服务管理细节 ………………………………………………………………… 140
　　7.2.1　工具1：客户满意度调查表 …………………………………………… 140
　　7.2.2　工具2：客户满意度分析表 …………………………………………… 141
　　7.2.3　工具3：客户投诉记录表 ……………………………………………… 141
　　7.2.4　工具4：客户投诉处理表 ……………………………………………… 142
　　7.2.5　流程1：客户服务管理工作流程 ……………………………………… 143
　　7.2.6　流程2：客户投诉处理工作流程 ……………………………………… 144
　　7.2.7　制度：客户服务管理制度 ……………………………………………… 145

第8章　物流成本管理　/ 149

8.1　物流成本控制的要点与方法 ……………………………………………………… 150
　　8.1.1　内容：物流成本的组成结构、核算方法与控制内容 ………………… 150
　　8.1.2　方法：降低物流成本的方法 …………………………………………… 154
8.2　物流成本管理细节 ………………………………………………………………… 155
　　8.2.1　工具1：物流成本预算表 ……………………………………………… 155
　　8.2.2　工具2：ABC物流成本预算表 ………………………………………… 157
　　8.2.3　工具3：物流储存成本分析表 ………………………………………… 159
　　8.2.4　工具4：物流运输成本分析表 ………………………………………… 159
　　8.2.5　工具5：形态别物流成本控制计算表 ………………………………… 159
　　8.2.6　工具6：机能别物流成本控制计算表 ………………………………… 160
　　8.2.7　工具7：物流成本降低方法分析表 …………………………………… 161
　　8.2.8　流程：物流成本管理工作流程 ………………………………………… 162
　　8.2.9　制度：物流成本控制管理制度 ………………………………………… 163

第9章 第三方物流管理 / 167

9.1 第三方物流的特征与运营 168
9.1.1 内容：第三方物流的内涵 168
9.1.2 优劣：企业采用第三方物流的优越性和弊端 169
9.1.3 策略：第三方物流管理策略 169

9.2 第三方物流管理细节 170
9.2.1 工具1：自主物流与第三方物流对比表 170
9.2.2 工具2：异常需求满足率 170
9.2.3 流程：第三方物流配送流程 172
9.2.4 制度：运输外包管理制度 173
9.2.5 合同：第三方物流合同文本 175

第10章 国际物流管理 / 181

10.1 国际物流系统的类型、构成与模式 182
10.1.1 国际物流系统的类型 182
10.1.2 国际物流系统的构成 182
10.1.3 国际物流系统的运作流程 184

10.2 国际物流管理细节 185
10.2.1 工具1：海运托运单 185
10.2.2 工具2：海运装箱单 186
10.2.3 工具3：海运收货单 186
10.2.4 工具4：海运提货单 187
10.2.5 工具5：进口货物报检单 187
10.2.6 工具6：进口货物报关单 188
10.2.7 工具7：出口货物报检单 189
10.2.8 工具8：出口货物报关单 191
10.2.9 工具9：国际货运保险单 192
10.2.10 流程1：进出口货物报关工作流程 194
10.2.11 流程2：国际运输保险管理工作流程 195
10.2.12 规定：××公司国际海运管理规定 196
10.2.13 制度：货物报关管理制度 199
10.2.14 合同：国际货运代理合同 201

第 1 章

包装管理

1.1 包装业务的功能与常见纠纷

1.1.1 功能1：保护商品

包装是生产的终点也是物流的起点，在物流系统中发挥着特殊的重要作用。在物流实践中，许多商务纠纷的产生都与包装密切相关。

包装的第一大功能是保护商品，这也是包装最重要和最基本的功能，它的功能主要包括四个方面。

1.1.1.1 防止商品在运输、装卸等过程中破损和变形

通常，在物流实践中，商品要经受各种冲击、挤压、颠簸等外力作用，如果没有严密的包装，这些商品在外力作用下很有可能产生破损、变形。据有关资料显示，我国每年因为各种外力作用而导致的物流损失超过100亿元。我们可以想象，如果没有包装的话，这个数字就会更大。

1.1.1.2 防止虫、鼠等各种有害生物对产品的不利影响

在物流实践中，各类虫、鼠、蚁等有害生物对商品具有很大的破坏性，因此商品的包装一定要能够阻挡各类有害生物对商品的损害。物流业务相关工作人员必须对商品的性质做到了如指掌，对导致其损害的各种生物做到心中有数，并采取相应的包装措施以防止此类损害。

1.1.1.3 防止商品产生各种化学变化

商品在运输、装卸、入库、出库等过程中，可能要经历各种复杂的环境，也许会因为受潮、发霉、生锈等因素而产生各种化学变化，最终影响商品的使用价值。这就要求相关工作人员要在包装环节上下功夫，通过对商品的包装来隔阻水分、潮气、霉菌等，从而保护商品。

1.1.1.4 保持商品的卫生洁净，防止异物、杂物的混入

某些商品，尤其对一些食用性的商品来说，商品的卫生洁净十分重要，稍有一点杂物、异物混入，都会严重影响商品的使用价值。因此，对这些商品，物流业务相关工作人员必须对其精心包装，以保持其卫生洁净，防止杂物、异物混入。

1.1.2　功能 2：推销商品

随着市场竞争的加剧以及时代的发展，包装用来保护商品的功能逐渐削弱，相反，包装的推销功能在不断地加强，在某些领域已经成为商品竞争力的重要来源。比如，一些时尚商品和科技商品，商品的第一印象非常重要，商家往往会精心设计包装，力争第一眼"俘获"客户的心。在这样的趋势下，包装的美学价值逐渐显露，逐渐具有了一定的艺术品价值，一些企业甚至将自己的包装申请专利以增加竞争力。在这样的大背景下，相关的物流业务工作人员一定要树立起"包装即生命"的意识，配合公司的品牌战略，努力在包装业务上作出成绩，以提升自己和公司的重要性。

1.1.3　纠纷 1：包装不够坚固

在物流运输、装卸等环节，商品因为损坏而引起索赔的事情非常多。这一方面是因为商品在运输、装卸等过程中，一些工作人员操作行为不当（如暴力分拣、野蛮装卸等）；另一方面是因为商品的包装不够坚固所致。比如，商品包装内部的缓冲包装不坚固，设计不合理，导致商品在运输、装卸等环节，一旦出现一些极端的物流业务情况（如野蛮装卸等），往往无法承受外部压力而破损，进而引发各种纠纷。

面对这种纠纷，物流相关工作人员要事先做好包装的规划、设计。在规划时要将最坏的情况考虑进去，争取让包装对货物产生最大程度的保护。

1.1.4　纠纷 2：包装材料违规

在国际贸易中，很多国家出于环保、保证商品安全、保护国内相关产业等原因，对进口商品的包装材料有明确的规定。通常，相关工作人员会在商品入关的时候详细检查，避免出现违规的包装材料。

比如，有些国家禁止使用旧报纸、旧棉布、旧塑料作为商品包装内部的填充物或缓冲材料；许多国家不允许商品包装使用稻草作捆扎物；还有一些国家为了避免病虫害，要求以木、竹、藤、柳为原材料的进口包装必须经过特别处理。面对种种规定，稍不留意包装材料就有可能不符合进口国的相关规定，导致商品不能按时交付，从而引发各种纠纷。

面对这种情况，物流业务相关工作人员应该主动学习相关规定，主动避免此类纠纷的发生。

1.1.5 纠纷3：危险品包装不严

在物流运输、装卸、出入库等环节，对一些易燃、易爆、具有放射性等潜在危险的商品，通常都会有严密的包装，从而尽可能避免发生一些燃烧、污染、爆炸等严重危害环境和人身安全的情况。这类商品有涂料、冰醋酸、汽油、电石、铝银粉等。对这种商品，物流工作人员一旦稍有疏忽，在包装环节出现问题，往往就会引发各种纠纷甚至是重大安全事故。

面对这种情况，物流业务相关工作人员应该主动学习危险品的包装规范，主动避免各种纠纷的发生。企业也应该做好培训工作，以规避此类隐患。

1.1.6 纠纷4：包装违反文化习俗

在国际贸易中，一些商品的包装表面上看似乎没有问题，但有些图文细节未能充分尊重进口国的一些宗教文化、风俗习惯，也很容易引发国际商务的纠纷。

面对这种潜在的危险，物流业务相关工作人员应该主动学习进口国的一些文化习俗，主动避免这类纠纷的发生。

1.2 包装管理细节

1.2.1 工具1：包装员工作明细表

在物流实践中，包装员的工作主要有2个大项、6个小项，包装员工作明细表如表1-1所示。

表1-1 包装员工作明细表

工作项目	工作细化	工作目标或成果
1. 货物包装	(1)详细了解包装要求，明确包装类型，学习各种包装技能和包装设备使用方法	具备多种包装技能
	(2)按照要求领取包装材料，并节约使用	满足包装要求的条件下，使包装材料节约__%
	(3)按规定进行包装作业	包装质量良好，包装不合格率低于__%

续表

工作项目	工作细化	工作目标或成果
2. 单据填写	(1)包装完毕后填写包装清单,并放入容器中	清单置入率达100%
	(2)及时封闭包装,确保货物方便和安全性	包装封口合格率达100%
	(3)封装完毕后,在外包装容器上贴具有文字或图像说明的标签	标签贴上率达100%

1.2.2　工具2：货物包装明细单

在商品包装过程中,相关管理人员要填写货物包装明细单,以备工作查验,货物包装明细单如表1-2所示。

表1-2　货物包装明细单

包装明细			
装箱		规格	
重量		颜色	
产品描述及配件			
材质		长度	
重量		厚度	
涂料		高度	
产品序号及图样			

1.2.3　工具3：包装费用分析表

在工作中,包装工作人员或财务人员要对包装费用进行核算,包装费用分析表如表1-3所示。

表 1-3 包装费用分析表

费用项目	费用	备注
直接包装费		
直接材料费		
直接人工费		
直接经费		
变动间接费		
电费		
煤气费		
水费		
变动成本合计		
固定间接费		
折旧费		
维修费		
管理人员工资		
固定包装费合计		
合计		

1.2.4 流程：货物包装工作流程

货物包装工作流程有三个步骤，如图 1-1 所示。

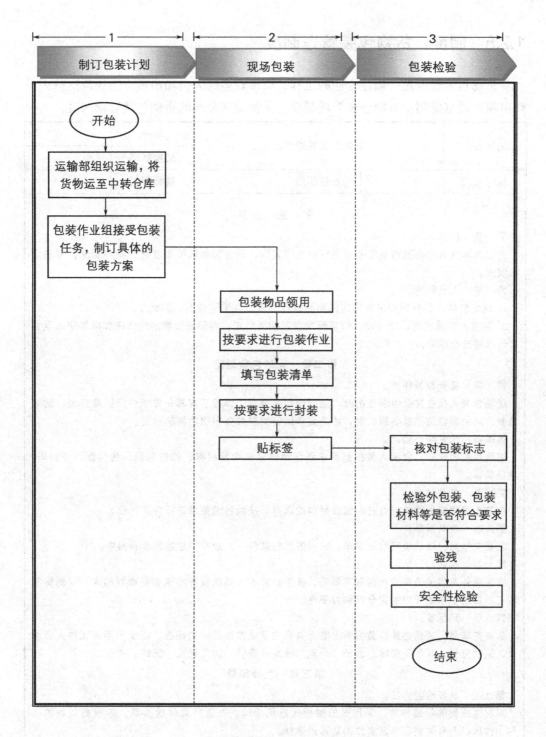

图 1-1 货物包装工作流程

1.2.5 制度：货物包装管理制度

货物包装管理是一项综合性的工程，牵涉众多的人员和事项，为规范这些人员和事项，通常要制定货物包装管理制度，下面是某公司的货物包装管理制度。

制度名称	货物包装管理制度	编号	
		受控状态	
执行部门		监督部门		编修部门	

第一章 总则

第一条 目的。

为了对本××中心流通加工业务进行规范化管理，保证货物包装质量符合客户要求，特制定本制度。

第二条 人员职责。

1. 现场包装人员根据要求对选定的物品进行包装，并填写清单、贴标签。
2. 包装检验员根据订货合同、订货标准以及相关规定，对配送货物的外包装和内包装以及包装标志等进行检验。

第二章 现场包装规定

第三条 接受包装任务。

现场包装人员在接受包装任务时，应明确包装要求，详细了解其是要求进行防腐包装、防湿包装、防虫害包装还是防震包装，或是要求进行同时具备多项功能的包装。

第四条 包装物品领用。

明确包装要求后，包装人员根据要求到仓储部领取包装材料，如打包机、包装纸、包装袋、发货单等。

第五条 包装作业。

包装人员根据货物的特点进行包装材料的选择，按照包装要求进行包装作业。

第六条 附录清单。

包装完毕后，认真填写包装清单，将其连同包装件一起放在相应的包装容器中。

第七条 封装。

把包装件及包装清单放入包装容器后，使用相应的工具或设备将包装容器封起来，以确保货物在以后的流通过程中的安全性和方便性。

第八条 贴标签。

封装完毕后，还需在外包装容器上贴上具有文字或图像说明的标签，以便于相关工作人员辨认、识别货物，并利于交接、装卸、分票、清点、查核，避免错发、错卸、错收。

第三章 包装检验

第九条 选择检验方式。

对配送货物的包装检验，采用一般抽检或当场检验，在进行具体检验前，应根据货物的品种、性质以及有关规定等因素作出适当的选择。

续表

第十条 核对包装标志。
核对货物外包装上的商品包装标志（标记、号码等）是否与订货合同及配送要求相一致。
第十一条 检验。
检验配送货物的外包装是否完好无损，包装材料、包装方式和衬垫物等是否符合配送要求。
第十二条 验残。
对于外包装破损的货物，应配合运输部等相关部门做好验残工作，查明货损责任方以及货损的程度。对于发生破损的货物，要检查其损坏是否由于包装不良而引起。
第十三条 安全性检验。
检验货物的内外包装是否牢固、安全、完整，是否适于配送，是否符合货物质量、数量的习惯要求。

第四章 附则

第十四条 本制度由××（如配送、仓库管理等）中心负责起草和制定。
第十五条 本制度经公司总经理审批后生效实施。

编制日期		审核日期		批准日期	
修改标记		修改处数		修改日期	

1.2.6 方案：包装费用控制方案

包装成本在整个物流成本中占有相当大的比例，主要由材料成本、人工成本等构成。企业可制订包装费用控制方案，来控制包装成本。

下面是某公司制定的包装费用控制方案。

包装费用控制方案

一、目的

为加强包装费用的管理，合理减少包装费用，降低物流成本，提高公司经济效益，现根据公司货物销售、运输的需要，特制订本方案。

二、包装费用的构成

包装费用一般包括包装材料费用、包装机械费用、包装技术费用、包装辅助费用和相关人员劳务费用，具体如下图所示。

续表

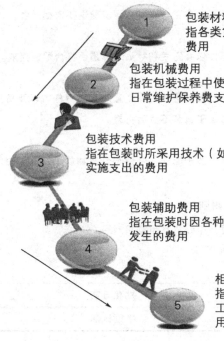

包装费用构成示意图

1. 包装材料费用
指各类货物在实施包装过程中耗费在材料上的支出费用

2. 包装机械费用
指在包装过程中使用包装机械（或工具）发生的购置费用支出、日常维护保养费支出以及每个会计期间终了计提的折旧费用

3. 包装技术费用
指在包装时所采用技术（如缓冲包装、防潮包装和防霉包装等）的设计、实施支出的费用

4. 包装辅助费用
指在包装时因各种辅助工作（如印刷包装标志、贴标签等）而发生的费用

5. 相关人员劳务费用
指在实施包装过程中，对作业人员发放的计时工资、计件工资、奖金、津贴和补贴等各项费用的支出

三、包装费用控制措施

（一）强化包装计划管理

1．包装材料采购入库时，物流人员必须记账掌握，并制订包装材料的消耗定额，根据限额领料、凭证发料，严格控制其使用数量。

2．包装材料使用部门应按材料需求时间提交使用计划，交主管部门加工和采购。

3．物流人员需要运用包装材料成本预算来控制包装费用。

4．对于可周转使用的包装材料，注意加速包装材料的周转，制订包装材料周转率指标，延长包装物使用年限和使用次数，避免使用过程中的损失浪费。

（二）选择合适的包装材料

作业人员应根据商品的重量、数量和特征，并结合包装材料的特点，选择合适的包装材料，既达到包装效果，又能节省成本。用于包装材料的主要有塑料、纸和纸制品、木材、金属、复合材料和纤维材料等，其具体特点如下表所示。

续表

包装材料特点分析一览表

包装材料	优势	劣势
塑料	◆具有质轻、强度和弹性多样、折叠及封合方便、防水防潮、防渗漏、易于成型、可塑性与气密性好、防震、防压、防碰撞、耐冲击、化学稳定性能好、易着色、可印刷、成本低等特点	难于降解，易造成环境污染
纸和纸制品	◆具有轻便、无味无毒、卫生性好、强度适宜、易于黏合印刷、便于机械化生产、不会造成公害、取材容易、价格低廉等特点	撕破强度低，易变形
木材	◆具有强度高、坚固、耐压、耐冲击、化学及物理性能稳定、易于加工、不污染环境等特点	来源较少
金属	◆结实牢固、耐碰撞、不透气、不透光、不透水、抗压、机械强度优良	来源较少，成本较高
复合材料	◆主要有塑料与纸、塑料与铝箔、塑料与铝箔和纸、塑料与玻璃、塑料与木材等，有更好的机械强度、气密性，防水、防油、耐热或耐寒、容易加工	成本较高
纤维材料	◆强度大、轻便、耐腐蚀、易清洗、不污染商品和环境、便于回收利用	—
其他(如树条、竹条)	◆可就地取材、成本低廉、透气性好	—

（三）科学组织包装设计

包装设计要与货物装卸情况、储存条件和运输条件相适应，包装功能要与成本相适应，避免包装功能过剩。

1. 物流人员在根据包装货物的价值和特点设计包装的同时，要进行功能分析，防止包装功能过剩。

2. 对于一些价值偏低的货物，不采用为保证包装不破损而采用高档次包装的做法。

3. 物流人员可以通过合理设计包装尺寸实现其与托盘、集装箱、车辆、货架等物流子系统的联动，从而有效降低物流系统成本。

（四）采用合适的包装方法

1. 对易损坏的货物，作业人员可填充缓冲材料，采用悬浮式包装、捆扎及裹紧、集装技术，以及选择高强保护材料等方法。

2. 对易发霉的货物，可在包装内使用防腐剂。

（五）严格控制包装材料的消耗

1. 作业人员可通过压缩商品体积、减少包装用料、使用可再生材料等方式节省包装材料。

2. 公司根据包装材料使用定额的相关规定，对超出定额者予以处罚，同时做好包装材料边角料的利用。

3. 可实施标准化包装作业方式。

续表

(六) 实现包装机械化 作业人员可使用包装机械（如装箱机械、裹包机械、捆扎机械、封条机械和拉伸包装机械等）进行货物包装，以提高包装效率和质量，降低包装成本。 (七) 合理安排包装内商品 作业人员应将多个商品装在同一个包装中，并采用适当的排列方法，以提高单位包装所能容纳的商品数量，减少包装成本。 (八) 注重包装材料的回收与再利用 公司应注重回收、再利用包装材料，尤其是那些不需特殊加工（如简单清洗即可使用的布袋），或加工整理成本低于新购买成本的包装物。

第2章

装卸搬运管理

2.1 装卸搬运的内容、提升与方法

2.1.1 内容：装卸、堆垛、分拣、清扫

物流业务的装卸搬运工作主要包括装卸搬运、堆垛拆垛、分拣配货和现场清扫四个方面的内容。

2.1.1.1 装卸搬运

装卸搬运是指将需要装卸的货物在较短距离内进行水平、垂直及斜行的位置移动。通常，当有货物运输或储存业务时，就会产生装卸搬运作业。可以说，装卸搬运是整个物流业务中发生频率最高的一项作业。

2.1.1.2 堆垛拆垛

堆垛作业指将货物移动到指定的装运设备或仓库时，按照要求的位置和形态放置货物的工作，而拆垛作业则是堆垛作业的逆行为。

2.1.1.3 分拣配货

分拣配货作业发生在堆垛拆垛作业前后，指按品种、货物分类、出入顺序将货物进行分拣，分别放到规定位置，然后再按下一步作业种类、发货对象分类进行配货的过程。

2.1.1.4 现场清扫

现场清扫是指装卸搬运作业完成后的场地清扫和货物清理工作。

2.1.2 提升：五项合理化措施

装卸搬运工作颇为繁杂，在实践中要通过各种措施提升工作效能，工作人员要注意以下五项合理化措施。

2.1.2.1 减少不必要环节

装卸搬运作业是在运输和保管活动的连接点上进行的，因此工作人员要想做好这类工作，必须很好地实现连接时间和地点的配合，如减少装卸搬运次数、消除多

余包装、去除无效物质等。同时，装卸搬运本身并不增加货物的使用价值，因此应尽量减少装卸搬运中的劳动消耗。

2.1.2.2 缩短搬运距离

货物在装卸搬运过程中，不可避免地要进行一定距离的位移活动，位移的距离应该越短越好。缩短搬运距离能缩短搬运时间，降低劳动消耗，减少货物在搬运中的损耗。

2.1.2.3 减少装卸搬运的劳动消耗

工作人员要充分利用机械原理，如货物自身重力、自然力和机械力，以有效减小摩擦阻力，从而相应减少体力劳动消耗。

2.1.2.4 实行装卸设备的机械化和自动化

工作人员要充分利用各种装卸搬运机械工具，如叉车、吊车、输送机、升降机等机具协调作业，以减少劳动消耗，提高效率。

2.1.2.5 实行装卸方式的单元化和集装化

在实际工作中，有条件的要尽量将多件货物集中起来放置在托盘上或集装箱中进行一系列的装卸、搬运、储存等活动，这样能扩大处理单位，提高搬运灵活性，从而提高作业效率，以达到作业标准化和保护货物原有价值的效果。

2.1.3 方法：常见的装卸搬运方法

装卸搬运作业的基本方法，可以按作业对象、作业工具、作业方式等分类，常见装卸搬运方法一览表如表2-1所示。

表2-1 常见装卸搬运方法一览表

分类依据	装卸搬运方法	具体描述
作业对象	单件作业法	◆单件、逐件进行装卸搬运的方法
	集装作业法	◆先将货物集装化再进行装卸搬运的方法，如集装箱作业法、托盘作业法、货捆作业法等
	散装作业法	◆采用一定设备对散装物进行装卸搬运的方法
作业工具	集装箱作业法	◆以集装箱为基本工具进行装卸搬运的方法
	托盘作业法	◆以托盘为基本工具进行装卸搬运的方法
	网、袋作业法	◆采用多种合成纤维与人造纤维编织布制成的集装袋集装后进行装卸搬运的方法

续表

分类依据	装卸搬运方法	具体描述
作业工具	货捆作业法	◆用捆装工具将散件货物捆成一个货物单元,使其在流通过程中保持不变的作业方法
	滑板作业法	◆滑板由纤维板、纸板、塑料板或金属板制成,与托盘尺寸一致、带翼板,用以承放货物组成搬运单元
作业方式	倾翻法	◆将运载工具的载货部分倾翻,使货物卸出的方法
	气力输送法	◆利用风机在管道内形成气流,依靠气体的动能或压差来输送货物的方法; ◆装置结构紧凑、设备简单、劳动条件好、货物损耗少,但消耗功率较大、噪声较高
	机械法	◆采用各种机械,使工作机械直接作用于货物,用舀、抓、铲等作业方式,从而达到装卸目的的方法
装卸搬运的机械	吊上吊下方式	◆采用各种起重机械从货物上部起吊,依靠起吊装置的垂直移动实现装卸,且在吊车运行或回转的范围内实现搬运与依靠搬运车辆实现搬运的方法
	叉上叉下方式	◆采用叉车从货物底部托起货物,依靠叉车的运动进行货物位移,搬运完全靠叉车本身,货物中途不落地而直接放置到目的地的方法
	滚上滚下方式	◆港口装卸的一种水平装卸方法,即利用半挂车、叉车或汽车承载货物,车辆连同货物一起开上船,到达目的地后再从船上开下来
	移上移下方式	◆在两车之间进行靠接,然后利用各种方式,使货物靠水平移动从一个车辆上推移到另一车辆上的方法
	散装散卸方式	◆从装点直到卸点,中间不再落地,这是集装卸与搬运于一体的方法
被装物的运动形式	垂直装卸	◆被装物做垂直运动的装卸搬运方法
	水平装卸	◆被装物做水平运动的装卸搬运方法
装卸搬运作业的特点	间歇装卸	◆有较强的机动性,装卸地点在较大范围内变动,适用于货流不固定的各种货物,尤其适用于包装货物、大件货物,散粒货物也可采取此种方法
	连续装卸	◆同种大批量散装或小件杂货通过连续输送机械,不断地进行作业,中间无停顿,货物之间无间隔,在装卸量较大、装卸对象固定、货物对象不易形成大包装的情况下适用此种方法

2.2 装卸搬运业务管理细节

2.2.1 工具1:装卸搬运费用表

装卸搬运费用包括人事费、折旧费、材料费、修缮费等,装卸搬运费用表如

表 2-2 所示。

表 2-2 装卸搬运费用表

编号：　　　　　　　　　　　　　　　　　　　　　　　填写日期：　年　月　日

部门	人事费	折旧费	材料费	修缮费	动力及燃料费	其他	小计	搬运费			合计
								日搬运量	每吨搬运价格	小计	

2.2.2　工具 2：货物中转记录表

装卸搬运作业中，工作人员要注意填写货物中转记录表，以备后续查验，货物中转记录表如表 2-3 所示。

表 2-3　货物中转记录表

中转站：　　　　　　　　　　　　　　　　　　　　　　　填写日期：　年　月　日

托运单位		承运单位	
接收货物日期	年　月　日	货物起运地	
转发货物日期	年　月　日	货物目的地	
货物名称			
货物类别			
货物数量×单价			
货物金额			
中转情况记录			

2.2.3 流程1：货物中转装卸搬运工作流程

货物中转装卸搬运工作流程有三个步骤，如图2-1所示。

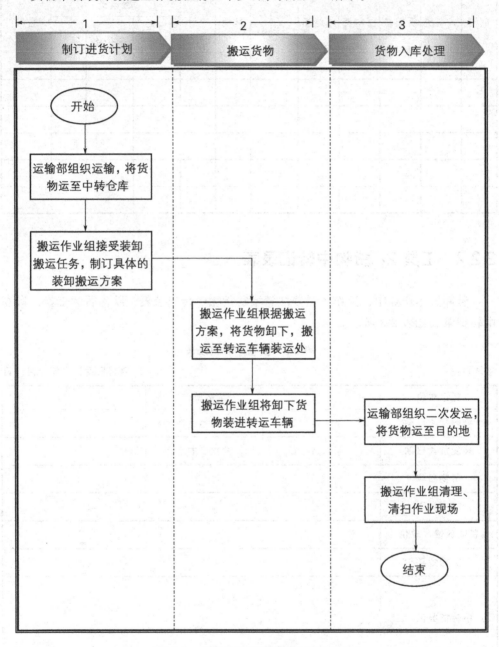

图2-1 货物中转装卸搬运工作流程

2.2.4 流程2：货物仓储装卸搬运工作流程

货物仓储装卸搬运工作流程有四个步骤，如图2-2所示。

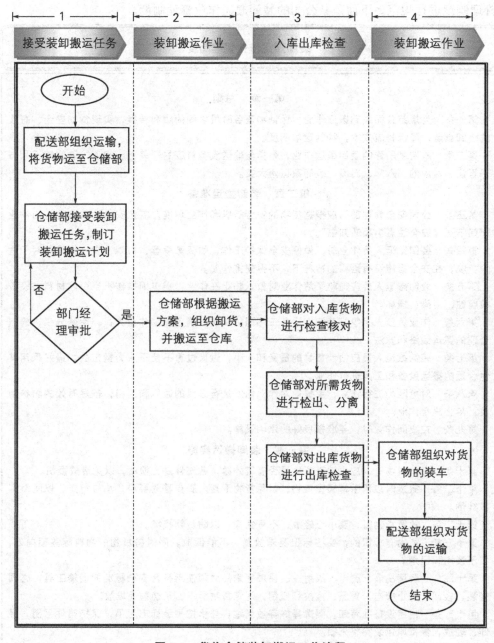

图2-2 货物仓储装卸搬运工作流程

2.2.5 制度1：货物装卸搬运作业管理制度

货物装卸搬运作业较为繁杂，涉及较多的人员、事项和机械工具，需要精密的管理制度进行规范。下面是某公司的装卸搬运作业管理制度。

装卸搬运作业管理制度

第一章 总则

第一条 为规范公司装卸搬运作业，保证物流各阶段之间的顺利转换，实现货物安全、有效的装卸搬运，降低物流成本，特制定本制度。

第二条 本制度所称的装卸搬运作业，是指与输送设备对应的"装进、卸下"装卸搬运和与保管设施对应的"入库、出库"装卸搬运两大类。

第二章 装卸搬运准备

第三条 公司安全管理部门应根据货物的安全等级和作业环境，制定安全防护措施，向作业部门下达"安全注意事项通知书"。

第四条 装卸搬运人员作业前，做好安全保护工作，如佩戴手套、口罩、安全帽等。对于危险货物，在安全措施没有落实的情况下，不得安排作业。

第五条 装卸搬运人员应提前了解作业对象，防止在作业过程中因操作不当引起材料、设备被腐蚀、污染、损坏。

第六条 作业负责人组织好装卸搬运各工序间的衔接，确定参加作业人员，明确分工，确定合理的搬运线路和方法。

第七条 装卸搬运人员应估计货物的重量和大小，过大过重不便于人力搬运的，最好采用其他合适的搬运设备和工具进行作业。

第八条 对危险品进行作业，要提前对作业场所进行必要的通风和清扫，备足有效的防护用具，禁止违章作业。

第九条 在夜间作业时，要准备良好的照明设施。

第三章 装卸搬运实施

第十条 搬运货物时，应先检查货物是否有钉外露，各部件是否松动，以免造成损伤。

第十一条 搬运时应用手掌紧握货物，以免货物滑落。脚步移动要稳，小心行走，以防滑倒或绊倒。

第十二条 放置货物时，要小心轻放，不可猛撞，以防货物损坏。

第十三条 货物有标识的，要按标识要求放置，不能倒放。同时将货物的物料标签朝向外，便于读取和识别。

第十四条 装运易爆、剧毒、放射性、易燃等物品必须使用符合安全标准的运输工具，必须轻装、轻卸，防止撞击、重压、拖拉和倾倒，注意货物标识，正确稳妥堆放。

第十五条 精密设备的装卸，要选择好存放场地，严格按吊装标志起吊，保持箱件平衡，轻卸、轻放，保持原包装完整无损。

续表

第十六条　汽油、柴油、煤油等燃料油的搬运要使用符合标准的专门油罐，搬运全程要有专人押运，装卸时要有安全员监管。

第十七条　装运氧气、乙炔等易燃瓶装气体时，严禁敲击、碰撞，严禁抛、滚、滑、翻，避免接触明火，防止长时间暴晒。

第十八条　搬运车辆车况良好，备有干粉或二氧化碳灭火器，乙炔瓶严禁使用四氯化碳灭火器，应有"禁止烟火""当心爆炸"等明显的安全标识。

第十九条　应尽量装运同一种气瓶，氧气瓶、乙炔瓶不得同车装运，车厢内严禁乘人。

第二十条　汽车装运一般应立放，车厢高度不应低于瓶高的三分之二；卧放时，气瓶头部（有阀端）应朝向一侧，堆放高度低于车厢高度。

第二十一条　对装运货物或气罐应经常检查，防止发生危险。

第四章　装卸搬运现场清扫

第二十二条　货物装卸后，现场及时清洁、清扫，不得留有废弃物。对于装有剧毒物品的车、船等设备，卸后必须洗刷干净。

第二十三条　装卸毒害品、放射性物品的工具和防护用品应专具专用。对于在装卸危险物品的过程中用过的工具和设备，作业完毕后必须彻底清洗，妥善保管。

第二十四条　装卸搬运人员不允许在指定作业范围以外区域随意走动。

第二十五条　库管人员对进库货物，根据其规格、属性和存放期长短等标准按类别、顺序进行码放。

2.2.6　制度2：货物装卸搬运机具管理制度

装卸搬运作业要用到众多的装卸机具，为了提升工作效能，延长装卸机具的工作年限，工作人员要加强对这些机具的管理。下面是某公司的装卸搬运机具管理制度。

装卸搬运机具管理制度

第一章　总则

第一条　为进一步健全公司装卸搬运机械和工具的管理，保证装卸搬运作业的顺利完成，实现货物安全、有效的装卸搬运，提高工作效率，特制定本制度。

第二条　本制度所称的装卸搬运机具，是指为装卸搬运作业提供工作便利的各种叉车、吊车、作业车辆以及其他装卸机具。

第二章　驾驶员职责

第三条　操作专门装卸机具的驾驶员必须经过专业培训并通过相关考试，未经正式培训或考试不合格的人员不得操作专门装卸机具。

续表

> 第四条　驾驶员严格按照专业机具操作规范进行作业，确保人机安全。
> 第五条　驾驶员每天作业前，应检查机具的各部分，包括控制器、车轮、吊具及其他活动部分。如发现有任何毛病或损坏，应立即停止使用并向相关人员报告，以尽快安排修理。
>
> 第三章　机具操作
>
> 第六条　驾驶员作业前应了解所使用机具的载重能力，切勿超载，并掌握机具的重心情况，行车时要保持机具平衡。
> 第七条　对于看似超重的货物，驾驶员应先确认其重量，再进行装运。
> 第八条　作业时要保持货物平稳、牢固、分布均匀。装运高大、贵重、易损货物时要捆牢，切勿运载松散或堆放不正确的货物。
> 第九条　各种机具的驾驶座应设有防护措施，以防止货物由高处落向驾驶员，造成驾驶员受伤。
> 第十条　车辆行驶时应符合以下要求。
> 1. 开车前，驾驶员应环顾四周，确认作业环境。
> 2. 行车时要视环境保持适当车速，原则上每小时不超过15km。
> 3. 避免急启动、急刹车和急换挡。
> 4. 行车时，驾驶员应集中精力，时刻留意头顶的障碍物。
> 5. 装运影响视线的货物时，应低速行驶。
>
> 第四章　机具保管
>
> 第十一条　驾驶员作业完毕后，及时对机具进行检查、整理、清洁。
> 第十二条　未执行作业任务的机具，应停放在指定地点，专人保管。
> 第十三条　驾驶员应爱护所用机具，定期进行保养和维护。

2.3　装卸搬运风险管理细节

2.3.1　风险点：缺乏教育，风险意识淡薄

在装卸搬运工作中，很容易产生各种意外和事故，这与负荷较重、工作环境多变、工具操作不熟练等因素密切相关，但最重要的则是缺乏教育，风险意识淡薄。

我们都知道，安全工作由三个因素组成，即人、机和环境，其中人是这三个因素当中的主导因素。没有人的安全工作意识，再精良的机具，再好的工作环境也有可能产生各种不可测的危险事件。可以说，风险意识淡薄，已经成为装卸搬运工作当中的最大风险隐患。

由于没有风险安全意识，即便公司制定了详尽的操作细则，装卸员、搬送员也

不会按照操作细则来完成工作，而是抱着侥幸心态，凭着自己的过去经验蛮干、乱干，等事故发生之后再后悔已经来不及了。

2.3.2 方法：学习海因里希法则

在企业安全管理中必学的一项是海因里希法则，又称"海因里希安全法则""海因里希事故法则"或"海因法则"，物流装卸搬运业务也同样需要学习这个法则。

所谓海因里希法则，是指如果一个企业发生一起重大的安全事故，如重伤、死亡等，通常其背后可能有 29 起潜在的轻伤或故障事故，更进一步，在 29 起轻伤或故障事故的背后则存在 300 起隐患或违章操作。

这个法则是海因里希在 1941 年统计许多灾害后得出来的结论。该结论在不同的生产过程、不同类型的事故中，1∶29∶300 的比例关系不一定完全相同，但基本遵循这个统计规律。它说明在进行同一项生产活动中，无数次的隐患或违章操作必然导致重大伤亡事故的发生。因此，要想有效地防止重大灾害发生，必须尽力消灭各种隐患和违章操作，尤其要留意各种意外事件，要知道往往就是这些意外酿成将来的重大事故。

在工作中，装卸与搬运业务管理人员要注意开展各种意外事件的报告会，对工作人员进行危险预知训练，增强工作人员的安全意识，对工作中的隐患或者事故要"零容忍"，同时在作业地树立各种安全标识，以避免事故的发生。

2.3.3 守则：装卸搬运人员工作守则

为减少工作中的隐患和违章操作，物流业务管理部门往往制定装卸搬运人员工作守则，以规范装卸搬运工的行为。下面是某公司的装卸搬运人员工作守则。

装卸搬运人员工作守则
第一条　为了规范装卸搬运工作，提高装卸搬运工作安全性，特针对装卸搬运工制定本工作守则。 第二条　装卸搬运工作业人员在上岗前需接受公司物流管理人员的安全教育培训，掌握所从事岗位接触的各种货物特性和搬运方法。 第三条　培训完毕后，装卸搬运人员需接受本公司安排的安全管理考核，经考核合格后方可独立作业。 第四条　装卸搬运人员应自觉遵守公司装卸搬运作业安全管理制度，及时制止他人的违章行为。

续表

第五条 严禁班前、班中喝酒，工作中严禁串岗、无故离岗。

第六条 装卸搬运工必须服从部门的合理安排和调遣，服从管理部门、管理人员的监督、管理和安排，保质保量地完成交付的装卸作业。

第七条 装卸作业前，仔细检查搬运工具。对于出现松动、故障或其他异常的工具，要及时更换。

第八条 装卸搬运工必须自觉遵守各项安全规章制度，不违章和冒险蛮干，并及时制止其他人的违章行为。

第九条 作业前应根据货物特性，装备防护手套、口罩、防护鞋等，严禁穿拖鞋作业。

第十条 树立尊客爱货思想，确保货物完好无损，严禁野蛮操作，杜绝发生不必要的货物破损。

第十一条 进行高空或其他危险作业时，应谨慎操作，避免高空坠落和货物倒塌等事故的发生。

第十二条 作业结束后，及时清理装卸现场，保持通道畅通，将搬运工具放回原处。

第十三条 对无视安全，强令冒险作业的指挥、指令应拒绝执行，并向现场负责人或安全部门汇报。

第十四条 发生事故时，装卸搬运工需保护好现场并及时组织抢救人员，然后立即向管理人员报告，认真吸取教训。

第十五条 本守则需全体装卸搬运人员共同遵守与维护。

第十六条 本守则由仓储部制定，仓储部对于本守则有解释、修订的权利。

2.3.4 制度：装卸搬运作业安全管理制度

下面是一个装卸搬运作业安全管理制度的模板，用以规范装卸搬运业务全体工作人员的工作。

装卸搬运作业安全管理制度

第一章 总则

第一条 为了规范装卸搬运工作的安全操作，减少装卸搬运作业中意外事故的发生，特制定本制度。

第二条 本制度适用于……

第二章 装卸搬运作业安全基本注意事项

第三条 装卸搬运作业人员工作时应保持良好的精神和身体状态，严禁工作时饮酒、吸烟、打闹，严禁酒后工作。

第四条 装卸搬运人员连续作业时，要轮流进行休息，避免疲劳过度。

续表

第五条　高、低温情况下作业，要注意防暑降温和保暖，高温情况下作业要注意科学补水，适当增加休息时间。

第六条　装卸搬运人员应听从合理指挥，拒绝一切不安全、不合理的工作安排和调度。

第七条　装卸搬运作业现场严禁吸烟，严禁非工作人员滞留。

第八条　夜间作业时，要准备良好的照明设施。

第三章　装卸搬运作业前安全准备

第九条　所有装卸搬运人员上岗前均需接受培训，熟悉不同特性、不同规格、不同质量的货物对应的操作规范和流程，培养货物安全意识和自我保护意识。

第十条　作业前应由现场负责人详细介绍货物种类、性质、重量以及装运地点和经过的道路等相关信息，进行具体分工，指定现场指挥。

第十一条　装卸搬运作业前，应根据具体货物情况，到负责人处领取相应防具，如防护手套、口罩、面具、防护鞋等。

第十二条　作业前，要认真检查所用装卸搬运工具，有异常时禁止使用，所有工具搬运时禁止超重。

第四章　人力作业过程安全规范

第十三条　装卸搬运人员作业时，必须严格按照货物特性和基本操作规范作业，佩戴相应的防护装备。

第十四条　作业时应轻拿轻放，按照货物特性及标识进行操作，严禁野蛮操作。

第十五条　作业时，货物严禁遮挡装卸搬运人员或叉车司机的视线，避免发生意外。

第十六条　人力搬运距离较长时，应使用推车搬运，货物重量以一人能够推动为宜。

第十七条　当传运货物时，接物品的人确实拿稳传递货物后，传递人才可松手，避免货物掉落产生不必要损失。

第十八条　多人搬运同一重物时，应在现场指挥领导下，统一步调进行搬运，避免发生事故。

第十九条　尽量避免在高空以及无安全防护的地点作业。特殊情况必须进行装卸搬运作业时，需减少每次搬运的货物重量，现场指挥需在明显位置指导作业，高空、地面人员时刻保持密切配合。气候条件恶劣时禁止一切高空作业。

第五章　机械作业安全管理细则

第二十条　装卸搬运机械操作人员必须经过专业的培训，具备相应资格证书。

第二十一条　装卸搬运机械操作人员在进行正式作业前，要进行必要安检，确保搬运机械能够安全、正常运行。

第二十二条　放射性货物的装卸，必须采用机械作业，严禁货物与人直接接触。

第二十三条　装卸搬运机械作业人员严禁超负荷作业、超负荷装载以及超速行驶。

第二十四条　机械配合人力进行装卸作业时，机械操作人员要严格按照现场指挥的指示进行操作，保证操作的安全性。

第二十五条　作业完成后，操作人员要将操作机械停放在指定地点，并确认防盗措施完备。

续表

第六章 货物堆码、搭载的安全要求

第二十六条 堆码、搭载时要遵循大不压小、重不压轻的原则进行,并保证装卸现场通道畅通。如货物包装上有明确标识,摆放时一定要将货物标识朝外,方便下次操作。

第二十七条 货物堆放要保持通道畅通,与屋顶、墙壁、灯具间的距离不得小于50cm。堆码高度根据货物特性确定,以防倒塌。

第二十八条 汽车装运一般应立放,车厢高度不应低于瓶高的三分之二;卧放时,气瓶头部(有阀端)应朝向一侧,堆放高度低于车厢高度。

第二十九条 易燃、易爆、化学危险品等严禁与其他货物混装,严禁车厢内人、货混载。

第三十条 装卸毒害品、放射性物品的工具和防护用品应专具专用。对于在装卸危险物品的过程中用过的工具和设备,作业完毕后必须彻底清洗,妥善保管。

第七章 附则

第三十一条 装卸搬运作业完成后,工作人员要及时对现场进行整理、清扫,保证现场通道畅通。对于装有剧毒物品的车、船等设备,卸后必须进行洗刷清洁,保障下次运输货物的安全。

第三十二条 此制度由运输部、仓储部制定,由总经办审核批准。

第三十三条 本制度自颁布之日起实施。

第 3 章

仓储管理与库存控制

物流业务中，仓储管理与库存控制包括5项内容：入库管理、仓储保管、出库管理、退货管理和库存控制。仓储工作人员要根据仓储部制定的规章制度，规范化管理仓储部的一切事务，做好有序出入库、安全出入库、库存安全、退货服务等工作，以提高客户的满意度、认知度和忠诚度，从而有效提升公司的竞争力。

仓储管理与库存控制的工作目标及相关事项如图3-1所示。

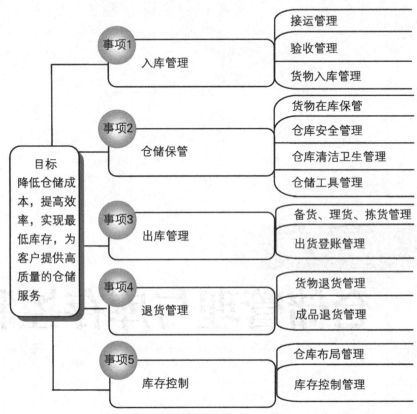

图3-1 仓储管理与库存控制的工作目标及相关事项关联图

3.1 入库管理

3.1.1 要点：入库工作的关键内容

3.1.1.1 入库准备工作

仓库工作人员在接收货物之前应根据仓储合同或者入库计划等文件做好入库管

理前的准备工作，入库准备工作主要包括如下内容。

(1) 了解入库货物

仓储工作人员应了解入库货物的品种、规格、数量、包装状态、单件体积、到库确切时间、货物存期、货物的理化特性、保管的要求等，从而精确、妥善地进行库场安排、准备。

(2) 了解仓库库场情况

需要仓储工作人员了解的仓库库场情况内容如下。

① 货物入库与保管期间仓库的库容。

② 货物入库后保管货物的工具设备。

③ 货物入库与保管期间工作人员的变动情况。

对于必须使用重型设备操作的货物，一定要确保可使用设备的货位。必要时对仓库进行清查，清理归位，以便腾出仓容。

(3) 安排入库货物货位

仓储工作人员根据已了解到的入库货物的情况制订仓储管理计划，并将计划下达到各相应的管理部门与作业单位，各作业单位安排入库货物的货位。

① 仓储工作人员根据入库货物的性能、数量和类别，结合仓库分类保管的要求核算货位大小，根据货位使用原则，严格验收场地、妥善安排货位，确定苫垫方案、堆垛方法等。

② 仓储工作人员要彻底清洁货位，清除残留物，清理排水管道（沟），必要时安排消毒、除虫、铺地。

③ 仓储工作人员详细检查照明、通风等设备，发现损坏及时通知修理。

(4) 准备苫垫货物及作业用具

在货物入库前，根据所确定的苫垫方案，仓储工作人员准备相应的货物以及所需用具，并组织衬垫铺设作业。

(5) 准备验收

仓储工作人员根据货物情况和仓库管理制度，确定验收方案，准备验收所需的点数、称量、测试、开箱装箱、丈量、移动照明等工具、用具。

(6) 制订搬运计划

根据入库货物、货位、设备条件、搬运人员等情况，仓储工作人员合理科学地制订卸车搬运计划，保证入库货物的安全完好与作业效率。

(7) 准备各种表单文件

仓储工作人员应妥善保管货物入库所需的各种报表、单证、记录簿等，如入库记录、理货检验单、料卡、残损单等，以备使用。

(8) 常见问题的应对措施

仓储工作人员在货物入库前做好应对各种突发事件的准备，货物入库与保管期间经常出现的问题及应对措施如表 3-1 所示。

表 3-1　货物入库与保管期间常见的问题及应对措施

常见问题	应对措施
专用线接货中发现短缺、破损和污染或货标不符	应要求运输部门速派员复查,并提出检查记录由对方签字,以作为处理依据,待正式验收后方可办理交接
在承运单位接货时发现货物短缺、破损等质量问题或货票不符	应立即请承运单位当场确认并出具证明签字,以便作为问题处理依据
在承运单位送货上门时,发现短缺、破损等问题	除要求送货人出具证明并签字确认外,还要及时向供货单位和承运单位发出函电查询,提出索赔,同时将情况通报货主,请其协助催促,落实索赔事宜
在供货单位送货上门时,发现质量和运输中出现的问题	会同送货人核实,并由送货人当面出具证明和签字。仓库应立即书面提出索赔要求,限期解决。同时,立即通报货主
数量、重量一时难于查清或损失情况难以当场查明	同送送部门人员协商一致,先做现场记录,再约定做进一步检查

3.1.1.2　入库管理工作的内容

入库管理工作的内容主要包括接运、验收、入库等,具体如下。

(1) 接运

货物接运的主要任务是向托运者或承运者办清业务交接手续,及时将货物安全接运回库,它包括提货、仓库收货两个环节。

1) 提货

在接运过程中,提货有很多种,仓储主管根据不同的实际情况选择不同的提货方式。提货的主要方式如表 3-2 所示。

表 3-2　提货的主要方式

提货方式	具体描述	注意事项
专用线接运	这是指仓库备有铁路专用线,大批整车或零担到货接运的形式。一般铁路专线都与公路干线联合。在这种联合运输形式下,铁路承担主干线长距离的货物运输,汽车承担直线部分的直接面向收货方的短距离的运输	◆卸车前的检查:通过检查可以防止误卸和划清货物运输事故的责任。 ◆卸车时应注意的事项:要按照车号、品名、规格分别堆码货物,以便于货物的清点;要按照有关的指示标志,正确卸载货物,以防止包装和货物的损坏;对品名不符、包装破损、受潮或损坏的货物应另行存放,并做标记,会同承运部门进行检查,编制商务记录。 ◆卸车后的清理:检查车内货物是否卸完,并做好卸车记录

续表

提货方式	具体描述	注意事项
车站、码头提货	由外地托运单位委托铁路、水运、民航等交通运输部门或邮局代运或邮递货物到达本埠车站、码头、民航站、邮局后,仓库依货物通知单派车提运货物的作业活动	◆到车站、码头提货,应出示"领货凭证"; ◆提货时,应根据运单和有关资料认真核对货物的名称、规格、收货单位等; ◆仔细检查外观,如有疑点或者货物的实际情况与运单的记载不相符合,应会同承运部门查明原因,并开具文字证明; ◆如果货物的短缺和损坏是由承运部门造成的,还应做货运记录
自提货	自提货是指货运主管及其工作人员直接到供应商处提货,这种方式的特点是提货与验收同时进行	◆物流企业应预先了解所提货物的性质、规格、数量; ◆准备好提货所需的设备和组织好相应的人力; ◆到客户企业当场验收货物

2) 仓库收货

货物到库后,仓库收货人员首先要检查货物入库凭证,然后根据入库凭证开列的收货单位和货物名称与送交的货物内容和标记进行核对,确认无误后就可以与送货人员办理交接手续。如果在以上工序中无异常情况出现,收货人员在送货回单上盖章表示货物收讫。如发现有异常情况,收货人员必须在送货单上详细注明并由送货人员签字,或由送货人员出具差错、异常情况记录等书面证明,作为事后处理的依据。

(2) 验收

1) 验收准备

仓库接到到货通知后,仓储工作人员应根据商品的性质和批量提前做好验收前的准备工作,大致包括以下内容,如表3-3所示。

表3-3 验收准备的内容

准备内容	具体描述
人员准备	安排好负责质量验收的技术人员或用料单位的专业技术人员,以及配合数量验收的装卸搬运人员
资料准备	收集并熟悉待验商品的有关文件,如技术标准、订购合同等
器具准备	准备好验收用的检验工具,如衡器、量具等,并校验准确
货位准备	确定验收入库时的存放货位,计算和准备堆码、苫垫货物
设备准备	大批量商品的数量验收,必须要有装卸搬运机械的配合,应做好设备的申请调用

此外,对于有些特殊商品的验收,如毒害品、腐蚀品、放射品等,还要准备相

应的防护用品。

2）核对资料

凡供货单位提供的核对资料均须与入库实物相符。货物质量以该货物采用的统一标准进行验收，发现问题请商检机关进一步取样检验鉴定，并通过商检机关对外按规定办理索赔。仓储工作人员核对的资料主要包括以下内容。

① 货物的入库通知单、仓储合同等。

② 供货单位提供的质量证明书或合格证、装箱单、磅码单、发货明细表。

③ 运输部门提供的运单，若入库前在运输中发生残损的情况时，必须有普通记录和商务记录。

3）检验货物

仓储工作人员对入库货物的检验主要有两个方面，即数量检验和质量检验，其主要内容如表3-4所示。

表3-4 货物检验的主要内容

检验内容		具体描述
数量检验	计件	一般情况下，计件商品应全部逐一点清，固定包装物的小件商品，如果包装完好，不必打开包装，打开包装对保管不利。国内货物只检查外包装，不拆包检查。进口商品按合同或惯例办理
	检斤	检斤是对按重量供货或以重量为计量单位的商品，进行数量验收时的称重。金属货物、某些化工产品多半是检斤验收。对于进口商品，原则上应全部检斤，但如果订货合同规定按理论换算重量交货，则按合同规定办理。所有检斤的商品，都应填写磅码单
	检尺求积	检尺求积是对以体积为计量单位的商品，先检尺，后求体积所做的数量验收
		一般情况下数量检验应全验，即按件数全部进行点数，按重量供货的全部检斤，按理论重量供货的全部检尺，后换算为重量，以实际检验结果的数量为实收数
质量检验	外观检验	外观检验是指通过人的感觉器官，检验商品的包装外形或装饰有无缺陷；检查商品包装的牢固程度；检查商品有无损伤等。凡经过外观检验的商品，都应该填写"检验记录单"
	尺寸检验	尺寸检验由仓库的技术管理职能机构组织进行。进行尺寸精度检验的商品，主要是金属货物中的型材、部分机电产品和少数建筑货物
	理化检验	理化检验是对商品内在质量和物理化学性质所进行的检验，一般主要是对进口商品进行理化检验。对商品内在质量的检验要求具有一定的技术知识和检验手段，目前仓库多不具备这些条件，因此一般由专门的技术检验部门进行

4）包装检验

货物包装的好坏、干潮直接关系着货物的安全储存和运输。所以对货物的包装要进行严格验收，凡是产品合同对包装有具体规定的要严格按规定验收，如箱板的厚度，打包铁腰的匝数，纸箱、麻包的质量等。对于包装的干潮程度，一般是用眼看、手摸的方法进行检查验收。

(3) 入库

验收合格后的商品应立即入库，在入库时需要办理入库手续，主要包括以下内容。

1）立卡

立卡即填制货物的保管卡片，又称"料卡"。"料卡"是用来直接标明货物的品名、规格、单价、出入库情况和结存数量的卡片，应由专门的保管人员填制。

2）登账

登账即根据货物入库验收单和有关凭证建立的货物保管明细台账，台账的内容一般包括货物的种类、品名、数量、规格和批次等。货物保管明细台账是用于反映在库货物储存和出入库情况的账目。

3）建档

为了更好地保管货物，并为出库业务创造便利条件，应将货物入库业务过程中的有关资料证件进行整理和核对，并建立档案资料，入库商品档案资料的内容与要求如表 3-5 所示。

表 3-5 入库商品档案资料的内容与要求

项目	详细描述
档案资料的内容	货物出厂时的各种凭证、技术资料
	货物到达仓库前的各种凭证、运输资料
	货物入库验收时的各种凭证、资料
	货物保管期间的各种业务技术资料
	货物出库和托运时的各种业务凭证、资料
建档工作的要求	应一物一档：建立商品档案应该是一物（一票）一档
	应统一编号：商品档案应进行统一编号，并在档案上注明货位号。同时，在"货物保管明细台账"上注明档案号，以便查阅
	应妥善保管：商品档案应存放在专用的柜子里，由专人负责保管

4）签单

商品验收入库后，应及时按照"仓库商品验收记录"要求签回单，以便向供货单位和货主表明收到商品的情况。另外，如果出现短少等情况，也可作为货主向供货方交涉的依据，所以签单必须准确无误。

3.1.1.3 影响入库管理的因素

(1) 送货供应商及其送货方式

每天送货供应商的个数、供应商所采用的送货方式、送货工具、送货时间等因素直接影响到进货作业的组织和计划。在具体分析时应该主要掌握五个方面：每天平均及最多送货的供应商数量、送货的车型及车辆数量、每辆车平均卸货时间、货物到达的高峰时间、中转运输接运方式。

(2) 商品种类、特性与数量

不同商品具有不同的特性，需采用不同的作业方式与之配合，因此，每种商品的包装形态、规格、质量特性以及每天将有多少数量到达配送中心，都会影响进货作业方式。在具体分析时，应重点掌握以下几点：每天平均及最多送达的商品品种数、商品的单元尺寸及重量、商品的包装形态、商品是否有危险性、商品的保存期限、装卸搬运方式等。

(3) 进货作业人力安排

在组织和安排进货作业时，要考虑现有的人力资源，以及人力资源的合理利用。

(4) 与储存作业的配合方式

一般配送中心出货、储存以托盘、箱、单件为单位，同样进货也有这三种单位，因此，在进货时必须通过拆箱、整合等方式将进货包装单位转换成储存包装单位。

3.1.2 工具1：货物检验单

货物检验单是入库时首先要填的一张单据，如表3-6所示。

表3-6 货物检验单

供货单位： 验收日期： 年 月 日

货物类别		货物数量		货物金额	
承运单位		供货商		起运地点	
检验情况记录					
验收量	单价	总价	合格量	合格率	出厂合格证明
检验员		日期		进账	
备注					

3.1.3 工具2：货物拒收单

工作人员在办理入库时如果拒收，通常要说明原因，填写货物拒收单，如表3-7所示。

表3-7 货物拒收单

供货单位：　　　　　　　　　　　　　　　　　　　　　验收日期：　年　月　日

送货单号		规格及品名	单位	数量		单价	金额
日期	编号			件数	明细数		
拒收原因							
以上货物(全部、部分)拒收、处理情况							

仓储部经理：　　　　　　验收人员：　　　　　　供货单位：

3.1.4 工具3：货物入库单

货物入库的时候，仓储工作人员要填写货物入库单，如表3-8所示。

表3-8 货物入库单

编号：　　　　　　　　　　　　　　　　　　　　　　入库日期：　年　月　日

货物名称	型号	编号	数量			单价	金额	付款方式		备注
			进货量	实点量	量差			转账	现付	

审核人：　　　　　　进货人：　　　　　　仓储工作人员：

3.1.5 工具 4：进货日报表

进货日报表用来统计每日入库的货物的编号、品名规格、厂商、数量等情况，如表 3-9 所示。

表 3-9 进货日报表

编号： 填写日期： 年 月 日

编号	货物编号	品名规格	厂商	数量	运输单号	备注

3.1.6 工具 5：货物资料卡

货物资料卡用来登记入库货物的名称、编号、数量、包装情况等，如表 3-10 所示。

表 3-10 货物资料卡

货物名称	
货物编号	
货物数量	
入库时间	
包装情况	
备注	

3.1.7 流程：货物入库工作流程

货物入库工作流程通常有四个步骤，如图 3-2 所示。

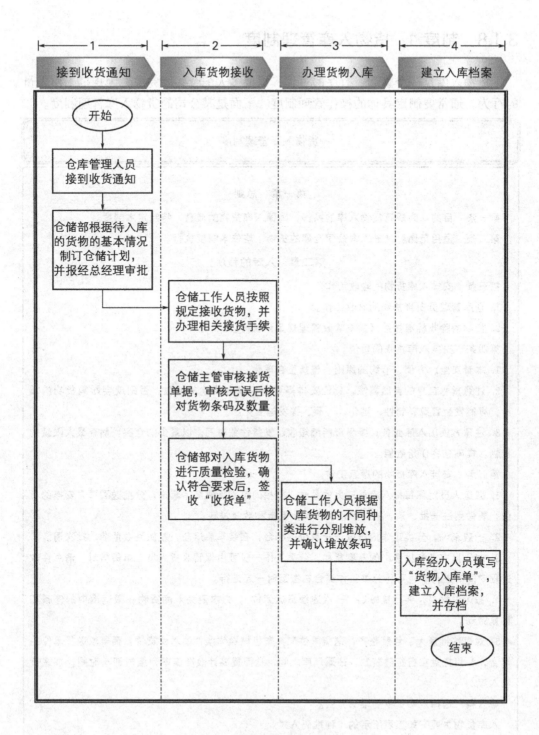

图 3-2 货物入库工作流程

3.1.8 制度1：货物入库管理制度

货物入库是一个繁杂、有序的过程，需要多人配合共同完成，为规范工作人员的行为，通常要制定具体的操作管理制度。下面是某公司的货物入库管理制度。

货物入库管理制度

第一章　总则

第一条　目的：为规范货物入库的操作，确保入库货物的质量，特制定本制度。

第二条　适用范围：凡进入本公司仓库的货物，均依本制度执行。

第二章　入库的程序

第三条　安排入库货物的验收工作。

1. 仓库管理员安排货物的验收工作。
2. 货物的验收标准按照《货物验收管理规定》执行。

第四条　安排入库货物的货位。

1. 本着安全、方便、节约的原则，使货位合理化。
2. 注意货物自身的自然属性，货位安排需要适应储存货物的特性，否则就会影响货物的质量，可能发生霉腐、锈蚀、溶化、干裂、挥发等变化。
3. 注意方便出入库业务，要尽可能缩短收、发货作业时间。以最少的仓容，储存最大限量的货物，提高仓容使用效能。

第五条　安排入库货物的搬运工作。

1. 搬运人员对照每批入库单开具的数量，将相同类别货物集中起来，分批送到预先安排的货位，要做到进一批、清一批，严格防止类别互串和数量溢缺。
2. 一般来说，分类工作应争取送货单位的配合，在装车启运前，就做到数量准、批次清。
3. 对于批次多和批量小的入库货物，分类工作一般可由保管收货人员在单货核对、清点件数过程中同时进行，也可将分类工作结合在搬运时一起进行。
4. 搬运过程中，要尽量做到"一次连续搬运到位"，力求避免入库货物在搬运途中的停顿和重复劳动。
5. 对有些批量大、包装整齐、送货单位又具备机械操作条件的入库货物，要争取送货单位的配合，利用托盘实行定额装载，往返厂库之间，从而提高计数准确率，缩短卸车时间，加速货物入库。

第六条　选择入库货物的堆码方式。

入库货物主要有如下表所示的4种堆码方式。

续表

入库货物堆码方式表

方式	具体操作	优点	适用范围
散堆方式	即将无包装的散货在库场上堆成货堆的存放方式，是目前货物库场堆存的一种趋势	方式简便，便于采用现代化的大型机械设备，节省包装费用，提高仓容的利用率，降低运费	适用于大宗散货，如煤炭、矿石、散粮和散化肥等
垛堆方式	即对包装货物或长、大件货物进行堆码。垛堆的具体操作方式包括直叠式、压缝式、通风式、缩脚式、交叠式、牵制式以及栽桩式等	合理的堆码方式可以增加堆高，提高仓容利用率，有利于保护货物质量	—
货架方式	即采用通用或者专用的货架进行货物堆码的方式	提高仓库的利用率，减少货物存取时的差错	适合于存放小件货物或不宜堆高的货物
成组堆码方式	即采用成组工具使货物的堆存单元扩大。常用的成组工具有货板、托盘和网络等	成组堆码一般每垛3~4层，这种方式可以提高仓库利用率，实现货物的安全搬运和堆存，提高劳动效率，加快货物流转的速度	—

第七条　货物正式堆垛时，必须具备以下5个条件。

1. 货物的数量、质量已经彻底查清。
2. 货物包装完好，标志清楚。
3. 外表的脏污、尘土等都已经被清除，不影响货物的质量。
4. 受潮、锈蚀以及已经发生某些质量变化或质量不合格的部分，已经加工恢复或者已经剔除的货物要另行处理，与合格品不相混杂。
5. 为便于机械化操作，金属材料等应该打捆的已经打捆，机电产品和仪器仪表等可集中装箱的已经装入合用的包装箱。

第八条　了解堆垛场地的要求。

1. 库内堆垛。库内堆垛时，垛应该在墙基线和柱基线以外，垛底需要垫高。
2. 货棚内堆垛。货棚需要防止雨雪渗透，货棚内的两侧或者四周必须有排水沟或管道，货棚内的地坪应该高于货棚外的地面，最好铺垫沙石并夯实。堆垛时要垫垛，一般应该垫高30~40cm。
3. 露天堆垛。堆垛场地应该坚实、平坦、干燥、无积水以及杂草，场地必须高于四周地面，垛底还应该垫高40cm，四周必须排水畅通。

第九条　货物堆垛时，应遵守如下基本要求。

1. 合理。

续表

(1) 垛形必须适合货物的性能特点，不同品种、型号、规格、牌号、等级、批次、产地、单价的货物，均应该分开堆垛，以便合理保管，并要合理地确定堆垛之间的距离和走道宽度，便于装卸、搬运和检查。

(2) 垛与垛之间的距离一般为 0.5～0.8m，主要通道为 2.5～4m。

2. 牢固。

货垛必须不偏不斜、不歪不倒、不压坏底层的货物和地坪，与屋顶、梁柱、墙壁保持一定距离，确保堆垛牢固、安全。

3. 定量。

每行、每层的数量力求成整数，过秤的货物不成整数时，每层应该明显分隔，标明重量，这样便于清点发货。

4. 整齐。

垛形有一定的规格，各个垛排列整齐有序，包装标志一律朝外。

5. 节约。

(1) 堆垛时，应考虑节省货位，提高仓库的利用率。

(2) 还应考虑节省人力的要求，提高搬运人员的工作效率。

第十条　堆垛前的准备工作。

1. 计算货物的占地面积。按进货的数量、体积、重量和形状，计算货垛的占地面积、垛高，并计划好垛形。对于箱装、规格整齐划一的商品，占地面积可参考以下的公式计算。

占地面积（m^2）＝（总件数÷可堆层数）×该件货物的底面积

或占地面积（m^2）＝总重量÷（层数×单位面积重量）

其中，

可堆层数（层）＝单位面积最大负荷量（地坪）÷单位面积重量

单位面积重量（kg）＝每件货物毛重÷该件货物的底面积

在计算占地面积，确定垛高时，必须注意上层货物的重量不超过货物或其容器可负担的压力。整个货垛的压力不能超过地坪的容许载荷量。

2. 做好机械、人力、材料的准备。垛底应该打扫干净，并放上必备的垫墩、垫木等垫垛材料，如果需要密封货垛，还需要准备密封货垛的材料等。

3. 检查利用条形码自动识别技术的数据采集系统是否完好。

第三章　办理货物入库手续

第十一条　利用数据采集系统，仓库管理员进行到货入库清点工作，检查货物的状态。收货扫描时，如系统不接受，仓库管理员应及时找技术部门查明原因，确认此批货物是否收进。

第十二条　建立货物明细卡。

1. 货物明细卡能够直接反映该垛货物的品名、型号、规格、数量、单位及进出动态和积存数。

2. 货物明细卡应按"入库通知单"所列的内容逐项填写。货物入库堆码完毕后，应立即建立卡片，一垛一卡。

3. 货物明细卡通常有两种处理方式。

(1) 实施专人专责的管理责任制，即由仓库管理员集中保存管理。但是，如果有进出业务而该仓库管理员缺勤时，就难以及时进行。

续表

（2）将填制的卡直接挂在货物的垛位上。挂放位置要明显、牢固。此法便于随时与实物核对，有利于货物进出业务的及时进行，可以提高保管人员的工作效率。

第十三条　入库货物的登账。

1. 货物入库后，仓库应建立"货物保管明细台账"，登记货物进库、出库、结存的详细情况。

2. "货物保管明细台账"按货物的品名、型号、规格、单价、货主等分别建立账户。此账本采用活页式，按货物的种类和编号顺序排列。在账页上要注明货位号和档案号，以便查对。

3. "货物保管明细台账"必须严格按照货物的出入库凭证及时登记，填写清楚、准确。记账发生错误时，要按"划红线更正法"更正。账页记完后，应将结存数结转至新账页，旧账页应保存备查。

4. 用来登账的凭证要妥善保管，装订成册，不得遗失。

5. 实物保管人员要经常核对，保证账、卡、物相符。

第十四条　建立仓库工作的档案。

1. 仓库建档工作，即将货物入库业务作业全过程的有关资料证件进行整理、核对，建立资料档案。

2. 建档工作有利于货物管理和客户联系，还可为将来发生争议时提供凭据，同时也有助于总结和积累仓储管理的经验，为货物的保管、出库业务创造良好的条件。

3. 仓库工作档案的资料范围。

（1）货物到达仓库前的各种凭证、运输资料。

（2）货物入库验收时的各种凭证、资料。

（3）货物保管期间的各种业务技术资料。

（4）货物出库和托运时的各种业务凭证、资料。

4. 建档工作的具体要求。

（1）一物一档：建立货物档案应该是一物（一票）一档。

（2）统一编号：货物档案应进行统一编号，并在档案上注明货位号。同时，在"货物保管明细台账"上注明档案号，以便查阅。

（3）妥善保管：货物档案应存放在专用的柜子里，由专人负责保管。

第十五条　签单。

1. 货物验收入库后，仓库管理员应及时按照"仓库商品验收记录"要求签回单据，以便向供货方或货主表明收到商品的情况。

2. 如果出现短少等情况，签单可作为货主向供货方交涉的依据，所以签单必须准确无误。

第四章　入库注意事项

第十六条　货物入库时，必须票货同行，根据合法凭证收货，及时清点数量。收货员要审核对方交给的随货同行单据，票货逐一核对检查，将商品按指定地点入库验收。

第十七条　货物入库时，必须按规定办理收货。收货员验收单货相符，要在随货同行联上签字，加盖"商品入库货已收讫"专用章。

第十八条　验收过程中，若发现单货不符、差错损失或质量问题，收货员应当立即与有关部门联系，并在随货同行联上加以注明，做好记录。

第十九条　同种货物包装不同或使用代用品包装，应问明情况，并在入库单上注明后，才能办理入库手续。

续表

第二十条　送货上门车辆，无装卸工人的，经双方协商同意，仓库可有偿代为卸车，按《储运劳务收费办法》执行。

第二十一条　货物验收后，需仓库管理员签字、复核员盖章；入账后，注明存放区号、库号，票据传到相关部门。

第二十二条　临时入库的货物，要填写临时入库票，由收货员、仓库管理员签字、盖章。

第二十三条　仓库管理员接到正式入库单后，应当即根据单上所注的商品名称、件数仔细点验，加盖"货已收讫"章。同时，保管员签字，复核员盖章，将回执交回委托单位。

第二十四条　在下列情况下，仓库可以拒收入库发运凭证。

1. 字迹模糊、有涂改等。
2. 错送，即发运单上所列收货仓库非本仓库。
3. 单货不符。
4. 货物严重残损。
5. 质量包装不符合规定。
6. 违反国家生产标准的商品。

第二十五条　货物入库时，要轻卸轻放，保持清洁干燥，不使货物受潮、沾污，检查货物有无破损或异样，及时修补或更换包装，抽查部分货物，特别是包装异样货物，检查货物有无霉、溶、虫、损、潮、漏、脏等情况，分清责任。

第五章　附则

第二十六条　本制度由仓储部负责制定及解释。

第二十七条　本制度经总经理核准后颁布执行，修改时亦同。

3.1.9　制度2：货物验收管理制度

下面是某公司的货物验收管理制度。

货物验收管理制度

第一章　总则

第一条　目的。

为统一进货验收方法，查明入库数量，确保不进不合格货物，明确货物交接双方的责任，特制定此制度。

第二条　适用范围。

本制度适用于本公司在仓库工作的所有岗位及所有进入本公司仓库的货物。

第三条　相关人员责任。

仓储主管及仓库管理员应保证入库的货物和货单相符，数据准确，质量和包装完好。

续表

第二章 货物验收准备

第四条 仓储部获知供货方发货通知,一般而言,仓储部应提前一天做好货物验收准备。

第五条 货物验收准备。

1. 仓储主管和仓库管理员认真核对需入库货物的资料,掌握入库货物的规格、数量、包装状态、单件体积、货物存期以及货物保管要求等,据此精确和妥善地进行货物验收准备安排。

2. 仓库管理员根据货物情况和仓库管理制度,确定验收方法。准备验收所需的点数、测试、称量、开箱装箱、丈量以及移动照明等用具和工具。

第三章 货物验收管理

第六条 货物验收标准。

1. 货物应在防雨、防风沙的装卸区域安全卸货。

2. 送货车辆或其他运输工具到达仓库时,仓库管理员应对车况进行检查(集装箱到达,应对施封是否完好、施封号是否正确无误、集装箱箱体四周和箱顶是否完好进行检查),并做好记录。

3. 核对单证,安排货位:仓库管理员核对单据的有效性,并核对单据上所列代码、批号、品名、规格、数量等项目是否与货物相符,确认无误后合理安排货位入库。

4. 接货检查包装:仓库管理员逐件仔细查验外包装,严格要求装卸工文明作业,合理堆码,入库货物验收时如发现有问题,应按下列规定进行处理。

(1) 数量不符。

仓库管理员应报告仓储经理,并及时与送货方联系处理,按货单上的数量补齐货物,然后签收入库;如送货方无法及时补齐货物,在送货单上按实收数量签收,并在备注栏注明原因。

(2) 质量异状。

仓库管理员及时与送货方联系,将有问题货物分开堆放,并通知仓储主管和质检员及时对有问题成品进行检查,由送货方提供完好货物,按货单上的数量补齐货物,然后签收入库。如送货方无法及时补齐货物,在送货单上按实收数量签收,并在备注栏注明原因。

(3) 批号及品种混乱。

应及时把有问题的货物分开堆放,及时通知送货方及质检员予以解决,并做好相关记录,由送货方提供正确批次及品种的货物,按货单上的数量补齐货物,然后签收入库。如送货方无法及时补齐货物,在送货单上按实收数量签收,并在备注栏注明原因。

(4) 包装破损。

不允许包装破损的货物入仓,如果破损,应要求送货方重新更换包装,或根据与送货方的协议,由我方在翻工区更换包装后才能入库。

(5) 二次封口。

凡二次封口的货物必须拒收,与客户有协议的除外。

第七条 电器入库验收标准。

1. 进货在入库前必须进行验收,合格品才能办理入库手续。

2. 对大件货物进行全检,全检内容包括检查外包装有无破损、受潮、变形,检查质量合格证明是否齐全、型号规格是否正确、标识是否完好后,填写"进货验收记录"。

3. 小件电器货物进行抽样检查,抽查内容同大件货物。

4. 抽查方法有点数法、称重法、测量法、技术推算法。

5. 如需本公司送货，送货人应在客户现场应进行安装调试，工作一切正常后由客户在送货单上签字确认。

第八条　包装食品类货物入库验收标准。

1. 对食品外观包装进行检查，确保无破损、变质、污染、异味。

2. 检查食品标签内容是否真实，应包括：名称、配料表、净含量、固形物含量、制造者及经销者的名称和地址、日期标志和储藏指南、质量等级、产品标准号以及其他特殊标注内容等。

第九条　服装类货物入库验收标准。

1. 外观检查确保包装无破损、无污染、无褶皱。

2. 检查货物标签内容是否正确，检查内容应包括：名称、厂名、厂址、执行标准编号、尺寸、成分、洗涤和熨烫标识等。

第十条　日用品、箱包、皮革、鞋、玻璃器皿等货物入库验收标准。

1. 外观检查确保包装无破损、无污染、无褶皱等。

2. 判断货物标签内容是否正确，具体检查内容包括：名称、厂名、厂址、执行标准编号、尺寸、成分等。

第十一条　化妆品类货物入库验收标准。

1. 外观检查确保包装无破损、无污染等。

2. 检查标签内容，主要包括以下几个方面：

（1）产品名称。

（2）制造者名称、地址。

（3）内装物量，净含量或净容量。

（4）日期标注，如生产日期、保质期、生产批号。

（5）生产许可证号、卫生许可证号、产品标准号。

（6）进口化妆品应标明进口化妆品卫生许可证批准文号。

（7）特殊用途化妆品还应标注特殊用途化妆品卫生批准文号。

（8）必要时注明安全警告和使用指南。

（9）必要时应注明满足保质期和安全性要求的贮存条件。

第十二条　饮料和酒类货物入库验收标准。

1. 外观检查确保包装无破损、无污染、酒色无浑浊悬浮物。

2. 标识检查，内容包括：酒名、配料表、酒精度、原汁量、净含量、制造者及经销者的名称和地址、批号、生产日期、保质期、产品标准号与质量等级、产品类型（或糖度）等。

第十三条　钟表类货物验收入库标准。

1. 外观检查确保包装无破损、无划痕、标识完好、清晰。

2. 按10%的比例进行抽样检验，用校表仪对时间准确度进行检查。

3. 按10%的比例进行抽样检验，对防水表进行防水试验。

第十四条　其他货物入库验收标准。

1. 小百货、文具等货物，均进行抽样检验。

2. 检验内容包括外观检查和标识检查，应符合相应的产品要求。

续表

3. 对于国家规定进行强制认证和按照生产许可证进行生产的货物，必须按照国家规定对有关证件进行检查、核对，包括认证证书、认证标志、生产许可证、卫生许可证、质量证明书、企业合法性证明文件等。

第四章 办理验收入库登记

第十五条 在卸货、搬运等入库工作完成后，仓库管理员应与送货人办理交接手续，同时建立入库账目。

第十六条 仓库管理员和送货人在入库单和货物交接单上签字，以明确双方责任。

第十七条 仓库管理员建立入库货物明细账，对货物的入库日期、检验结果、存放期限、数量和包装特征等进行全面登记。

第五章 附则

第十八条 本制度由仓储部负责制定，其解释权及修订权归仓储部所有。

第十九条 本制度自发布之日起执行。

3.2 仓储保管

3.2.1 要点：仓储保管工作的关键内容

仓储保管工作包括对货物在仓库库区内的摆放方式、区域大小、区域分布等进行规划，还包括对仓储区货位的调整和分配，并适应各时期的结构和变动作出相应的改变。要想做好这些工作，需要工作人员了解各类知识。

3.2.1.1 仓储保管的基本技术

仓储保管的基本技术主要有以下内容：仓库温湿度的控制和调节、密封与吸湿、金属材料和金属制品的保养技术、储存物品霉变的防治技术、虫害的防治。仓储保管的基本技术如表 3-11 所示。

表 3-11 仓储保管的基本技术

分类	技术	适用	原理
仓库温湿度的控制和调节	通风	怕热类物品	利用通风散发热量
		怕冻类物品	冬季在中午时通风提高库内温度
		怕潮类物品	通风散潮

续表

分类	技术		适用	原理
密封与吸湿	密封	货架密封	出入频繁、怕潮易锈、易霉的小件物品	将货架用塑料薄膜等密封,防止空气的影响和尘埃附着
		货垛密封	放在露天货场的易锈物品	用油毡等密封材料,将垛上下、四周都封闭
		库内小室密封	贵重、怕潮的物品	在库房内选择适当的地方,用密封材料围筑成临时性密闭小室
		整库密封	储量大、整进整出或出入不频繁的物品	将库房全部密封起来,在较大范围内隔离库外空气的影响
	吸湿剂吸湿	生石灰吸湿	—	生石灰吸湿性较强,吸湿速度也较快,使用时需将生石灰捣成小块,以增加吸湿面积,最好在吸湿后未变成粉状前换掉
		氯化钙吸湿	—	氯化钙与空气的接触面积很大,吸湿效果显著。放在竹筛上,下接瓦盆等容器。吸水到饱和状态后溶化成液体,加热后仍可复用
		硅酸吸湿	—	硅酸盛于细长形纱布袋中,悬挂在库房内
	机械除湿	空气去湿机	—	利用加温的方式,降低空气的相对湿度,特点:效率高、去湿快,体积小,重量较轻,可自动移动
		氯化钙动态除湿器	—	氯化钙吸湿
		氯化锂转轮除湿机	—	利用嵌固在石棉纸上的氯化锂晶体作为吸湿剂 特点:吸湿和再生能连续进行
金属材料和金属制品的保养技术	金属除锈	人工除锈	金属材料和金属制品	用简单的工具,如布、刷、砂纸、刻刀等,手工进行的除锈
		机械除锈	金属材料和金属制品	机械除锈是利用机械摩擦的方法,清除金属表面上的锈蚀,常用抛光机械和钢(铜)丝轮除锈
		化学除锈	金属材料和金属制品	化学除锈是采取化学方法作用于被锈蚀的金属材料或其制品,达到除锈的目的
		电化学除锈	金属材料和金属制品	将需要除锈的金属制品浸入电解液中,接上电源,通过电化学作用除锈

续表

分类	技术		适用	原理
金属材料和金属制品的保养技术	金属防锈		金属	防止金属表面形成水膜,特别防止形成有电解液性质的水膜
			金属	按不同物品的物理化学性质,选择适合其保管条件的储存场所,加强通风降温
储存物品霉变的防治技术	药剂防霉腐		货物仓库	把对霉腐微生物有抑制和杀灭作用的化学药剂放在易霉腐物品上的一种方法。常用药物有:五氯酚钠、水杨酰苯胺、多聚甲醛等
	气体防霉腐		工业品储存仓库	用氮气或二氧化碳充入密封包装里或封闭严密的库房中,物品上的霉菌就失去了生存的条件
	低温防霉腐		水果、蔬菜、蛋、鱼、肉等	用低温降低生物活体内酶的活性
	物品霉腐的救治	摊晾	—	放置于干燥的场所进行晾晒,以清除过多的水分,利用太阳光杀菌
		烘烤	卷烟、茶叶	利用烘烤技术,清除过多的水分
		药剂熏蒸	—	利用药剂熏蒸达到霉腐的救治
		紫外线杀菌	—	利用紫外线杀菌,杀除产生霉腐的细菌
虫害的防治	清洁卫生防治法		—	造成不利于害虫生长发育的条件来组织消灭害虫
	物理机械防治法		—	以自然或人为的高、低温作用于害虫
	化学药剂防治法		—	利用化学有毒药剂预防和杀灭仓库害虫

3.2.1.2 仓库盘点作业的基本内容

(1) 盘点作业的主要方式

盘点对货物与仓储管理有着十分重要的意义,已经成为仓储工作人员必须掌握的技能之一。只有掌握了基本的盘点方式,才能在货物与仓储管理过程中充分发挥这一作业的强大作用,为企业节约大量的成本。

一般说来,货物与仓储管理中较为常见的盘点方式主要有定期盘点、循环式盘点和临时盘点三种盘点方式。企业应该根据实际情况的需要选择合适的盘点方式。货物盘点方式如图3-3所示。

(2) 盘点作业的时间

视货物性质来确定盘点周期,仓储工作人员按照货物的贵重程度将入库货物分

盘点方式	主要含义
定期盘点	定期举行大规模、全面性的盘点工作，根据相关规定，一般企业每年年终（中）应该实施全面的盘点
循环式盘点	为了确保料账随时一致，仓储工作人员将货物依照重要性区分成不同等级后赋予其不同的循环盘点码，再运用信息工具进行周期性的循环盘点
临时盘点	因为特定目的对特定料件进行的盘点

图 3-3　货物盘点方式

为 A、B、C 三类，不同贵重程度的货物，盘点周期是不同的，其主要内容如下。

① A 类货物为重要货物，每天或每周盘点一次。
② B 类货物为次重要货物，每 2~3 周盘点一次。
③ C 类货物为一般货物，每月盘点一次。

（3）盘点作业的方法

一般情况下，盘点作业的方法主要有动态盘点法、循环盘点法和期末盘点法三种，盘点作业方法如图 3-4 所示。

盘点方法	特点
动态盘点法	该方法有利于及时发现差错和及时处理
循环盘点法	采用循环盘点法时，日常业务照常进行，按照顺序每天盘点一部分。所需时间和人员都比较少，发现差错也可及时分析和修正。其优点是对盘点结果出现的差错很容易及时查明原因，提高效率节约费用
期末盘点法	期末盘点法必须关闭仓库对商品做全面性的清点，优点是核对十分方便和准确，可减少盘点中的不少错误，简化存货的日常核算工作；缺点是加大了期末的工作量，不能及时反映存货收入、发出和结存的动态，不便于管理人员掌握情况，容易掩盖存货管理中存在的自然和人为损失，不能随时结转成本

图 3-4　盘点作业方法

3.2.1.3 仓储工具管理的内容

(1) 物流设备的保养与维修

物流设备的维护保养可采用"日常保养"和"定期保养"的二级保养制度,其具体内容如表 3-12 所示。

表 3-12 物流设备的维护保养内容

分类	解释说明	具体内容
日常保养	日常保养是全部维护工作的基础,必须做到制度化和规范化	(1)搞好清洁卫生 (2)检查设备的润滑情况,定时、定点加油 (3)紧固易松动的螺钉和零部件 (4)检查设备是否有漏油、漏气、漏电等情况 (5)检查各防护、保险装置及操纵机构、变速机构是否灵敏可靠,零部件是否完整
定期保养	定期保养是指物流设备运行一段时间后,由操作人员和保养人员按规范有计划地强制性保养,是对物流设备的全面性维护工作,是使物流设备能经常保持良好技术状态的预防性措施	(1)对机械进行清洁和擦洗 (2)检查、调整和紧固各操纵、传动、连接机构的零部件 (3)对各润滑点进行检查、注油或清洗换油 (4)调整和检查安全保护装置,保证其灵敏可靠 (5)更换已磨损的零部件 (6)使用相应的检测仪器和工具,按规范对主要测试点进行检测,并做好检测记录

(2) 设备的检查方法

通过对设备的检查,可以全面掌握设备技术状态的变化和磨损情况,及时发现并消除设备的缺陷和隐患,找出设备管理中存在的问题,提出改进设备维护工作和管理工作的措施,便于有目的、有针对性地做好设备修理前的各项准备工作,以提高设备的修理质量,缩短修理时间,保证设备长期安全运转。同时,对设备是否需要进行技术改造或更新提供可靠的技术资料和数据,为设备技术改造和更新的可行性研究奠定良好的基础。

设备检查的方法很多,具体分类如表 3-13 所示。

表 3-13 设备检查的方法

检查方法		内容
按检查方式分类	人工检查	指用目视、耳听、嗅味、触摸等感官检查和用简单工具进行检查
	状态检查	指在设备的特定部位安装仪器仪表,对运转情况自动监测或诊断,以便能全面、准确地把握设备的磨损、老化、劣化程度和其他情况。对于大型、复杂、精密、贵重设备尤为有益

续表

检查方法		内容
按检查时间间隔分类	日常检查	由操作人员或维修人员每天执行的例行维护工作，检查中发现简单问题，随时自行解决，发现疑难复杂问题，及时报告并做维修处理
	定期检查	指主要由专业维修人员负责，操作人员参与检查。按规定的时间间隔，对设备性能及磨损程度进行全面的检查，以便合理确定修理时间和修理种类
	修前检查	指对设备在临修理前进行检查
按检查内容分类	功能检查	指对设备各项功能进行检查与测定，以便确定设备的各种功能是否符合要求
	精度检查	指对设备的加工精度进行检查和测定，以便确定设备精度低劣化情况，为设备的验收、修理和更新提供较为科学的依据

3.2.2 工具1：仓库分布明细表

仓库分布明细表用来统计仓库的名称、仓号、位置、货架号、货架格号等情况，如表3-14所示。

表3-14 仓库分布明细表

仓库名称	仓号	位置	货架号	货架格号
			A、B、C	01~10
			D、E、F、G、H	01~10
			I、J、K	01~10
			L、M、N、O	01~10
			P、Q、R、S、T、U、V、W、X、Y、Z	01~10

3.2.3 工具2：仓库货物保管表

仓库货物保管表用来统计仓库内货物的综合情况，包括入库时间、货物名称、货物号码、规格等情况，如表3-15所示。

3.2.4 工具3：仓库货物盘点卡

仓库货物盘点卡主要用来盘点货物，如表3-16所示。

表 3-15　仓库货物保管表

入库时间	货物名称	货物号码	规格	计量单位	收入数量	出库数量	结存数量	单价	金额总计	储存位置

表 3-16　仓库货物盘点卡

1. 编号： 2. 材料名称： 数量： 单位： 放置地点： 填卡人：
1. 编号： 2. 材料类别： □原料 □物料 □呆料 □废料 □半成品 □成品 材料名称： 料号： 数量： 单位： 放置地点： 核对人：　　　　　填卡人：

3.2.5　工具 4：仓库盘点记录表

仓库盘点记录表是对仓库内现存货物的综合盘点，较为详细，如表 3-17 所示。

表 3-17　仓库盘点记录表

盘点类型：　　　　　　盘点日期：　年　月　日　　　　　　仓库号：

入库日期	仓单号	排位	品名	批号代码	库存数量	原入库数量	盘点结果	备注

3.2.6 工具5：盘点盈亏汇总表

盘点盈亏汇总表是对盘点工作的总结，如表3-18所示。

表3-18 盘点盈亏汇总表

编号： 填写日期： 年 月 日

类别	品名及规格	单位	单价	调整后账面数量	盘点数量	盘盈		盘亏		差异原因	
						数量	金额	数量	金额	说明	对策

3.2.7 工具6：库房温湿度记录表

库房温湿度记录是仓储保管的重要一环，尤其是一些特殊货物的库房，对温湿度的要求比较严格，库房温湿度记录表如表3-19所示。

表3-19 库房温湿度记录表

仓库编号： 测量位置： 月份：年 月

储藏货物		适宜温度范围				适宜湿度范围					
日期	上午					下午					备注
	记录时间	温度		相对湿度	调整措施	调整效果	记录时间	温度		相对湿度	调整措施	调整效果	
		干球	湿球					干球	湿球				
1												
2												
3												
...												

3.2.8 流程1：仓储保管工作流程

仓储保管工作流程主要分为四个步骤，如图3-5所示。

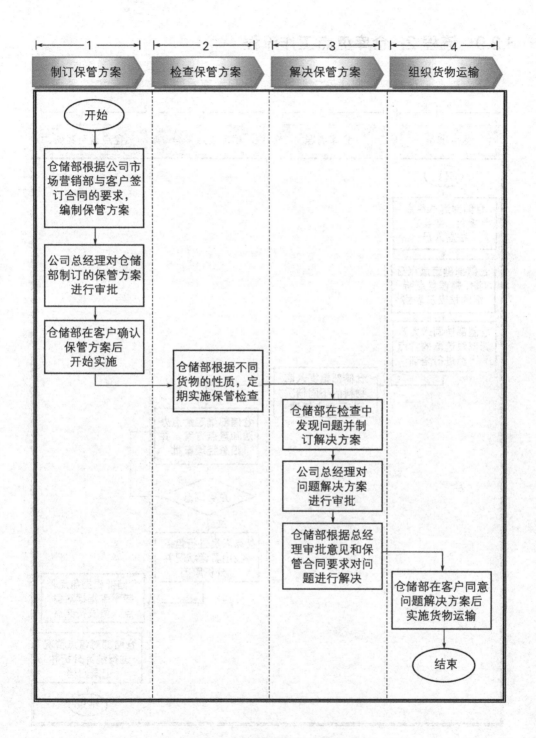

图 3-5　仓储保管工作流程

3.2.9 流程2：仓库盘点工作流程

仓库盘点工作需要定期或不定期进行，流程主要有四个步骤，如图3-6所示。

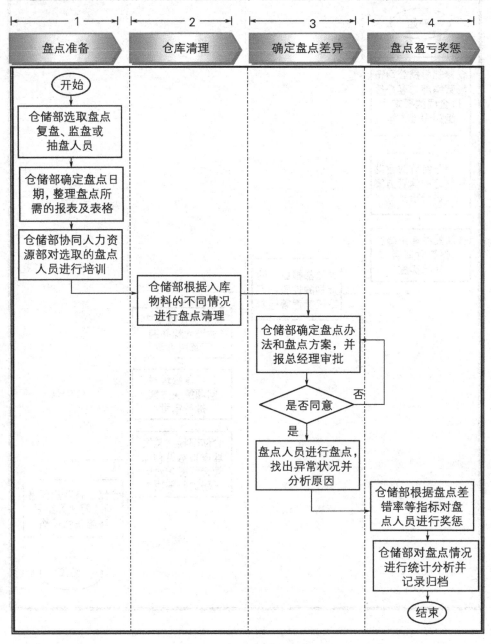

图3-6 仓库盘点工作流程

3.2.10 制度：仓储保管管理制度

仓储保管工作涉及众多细节，需要进行精细化操作，企业要根据业务管理和财务管理的一般要求，结合自己的具体情况，制定相应的仓储管理制度，下面是某公司的仓库保管管理制度。

仓库保管管理制度

第一章 总则

第一条 目的。

为了使仓储管理规范化，提高仓储管理的质量，防止因货物保管不当造成损失，根据企业管理和财务管理的一般要求，结合本公司的具体情况，特制定本制度。

第二条 适用范围。

本制度适用于所有在库货物的保管。

第三条 仓储管理的任务如下。

1. 做好货物的出库、入库工作，控制库存量和库存成本。
2. 做好货物保管工作，如实登记仓库实物账，经常清查、盘点库存货物，做到账、卡、物相符。
3. 积极开展滞料、废品整理和利用工作，做好积压货物的处理工作。
4. 做好仓库安全、卫生、保卫工作，确保货物和仓库的安全。

第二章 仓库储位管理

第四条 仓库应视实际情况划分为合格品存放区、待检品存放区、不合格品存放区以及搬运工具存放区，并张贴明显标识，进行目视管理。

第五条 仓储管理人员应将货物的仓库储存区域、物料架分布情况绘制成平面图，并置于仓库明显的地方。

第六条 电脑记账人员应将储位号登录电脑，并列印出货物的储位资料，以便于直接查找物料。

第七条 经核点后的货物，仓库管理员应视货物的情况存放，并办理相关手续。

1. 对于检验合格品，应分类存放于合格品存放区。
2. 对于检验不合格品，应存放于不合格品存放区内，并进行隔离和标识，防止不合格品误发，并即时处理。
3. 对未检验的物品，应存放于待检品存放区。
4. 对易燃易爆物品，应存放于危险品仓库内。

第三章 货物堆码

第八条 货物堆码前准备工作。

1. 堆码物品的数量已彻底查清，物品的质量已检验合格。对需取样检验的物品，堆码后能方便取样。

续表

2. 包装外的尘土、雨雪等已清扫干净,包装外表的污损已不影响物品质量。
3. 虽有受潮、锈蚀,或已发生某种质量变化,但已除潮除锈、加工处理或作出处理决定。

第九条 堆码要求。

1. 进行物品堆码、苫垫时应遵循合理、牢固、定量、整齐、节约、方便的原则。
2. 货物堆码要做到货垛之间、货垛与墙柱之间保持一定距离,留有适宜的通道,以便货物的搬运、检查和养护。

第四章 货物苫盖

第十条 苫盖要求。

1. 苫盖物不能苫到地面,避免阻碍货垛通风。
2. 苫盖物必须拴扎牢固,防止被风刮落。

第十一条 苫盖主要方法。

1. 垛苫盖法。就是把苫盖物直接盖在垛上面。此方法操作简便,适用于层脊形货垛或大件物品的苫盖。可用油布、帆布或塑料作为苫盖物。
2. 鱼鳞式苫盖法。把苫盖物由货垛的下部向上逐次围盖,从外形看很似鱼鳞状。为保持货垛顶部或周围的通风性,可在货垛与苫盖物之间加隔离板,或将苫盖物下部略反卷。
3. 隔离苫盖法。此方法与垛苫盖法的区别在于苫盖物不直接摆放在货垛上,而是采用隔离物使苫盖物与货垛间留有一定空隙。隔离物可用竹竿、木条、钢筋、钢管、隔离板等。此法优点是利于排水通风。
4. 固定棚架苫盖法。棚架是用预制的苫盖骨架与苫叶合装而成的,不需基础工程,可随时拆卸和人力移动。
5. 活动棚架苫盖法。与固定棚架不同的是,活动棚架四周及顶部铺围玻璃钢瓦、铁皮等物,在棚柱底部装上滚轮,整个棚架可沿固定轨道移动。

第五章 货物保管环境检查和维护

第十二条 仓储部根据货物储存要求,对货物储存环境进行维护,包括防潮、防光、防虫、防火等,确保货物在储存期间的良好品质。

第十三条 保管环境要素。

1. 安全管理:包括防火、防盗等。
2. 质量管理:包括防潮、防压、通风情况等。
3. 其他。

第十四条 保管环境检查和维护。

1. 仓库管理员定期对仓库环境进行检查和测试,实时把握仓库的环境状况。
2. 定时开窗,采取干燥措施,将库房环境保持在合理的范围内。

第六章 保管环境异常处理

第十五条 仓库管理员对发现和检测到的保管环境的异常情况及时进行记录。

第十六条 仓库管理员在权责范围内及时采取措施处理环境异常情况。权责范围外或无法处理的异常情况应及时向仓库主管进行汇报。

第十七条 仓库主管及时掌握库房保管环境异常的情况并采取有效措施处理异常,确保异常能及时消除。

续表

第七章 保管信息记录和更新

第十八条 仓库保管员根据仓库管理制度定时填写各类表格。

第十九条 仓库保管员及时对仓库保管过程中形成的各种信息进行及时更新。

第八章 附则

第二十条 本制度报公司总经理核准后实施,修订时亦同。

第二十一条 本制度制定权及解释权归仓储部所有。

3.2.11 合同:仓储保管合同

在物流实践中,有的单位会将货物暂时放在保管人的仓库中,此时就要签订仓储保管合同来规范双方的权利和义务,下面是仓储保管合同。

仓储保管合同

合同编号:
存货人:
保管人:
签约地点:
签约时间: 年   月   日

根据《中华人民共和国合同法》有关规定,存货人和保管人根据委托储存计划和仓储容量,经双方协商一致后,签订本合同。

一、储存货物的品名、品种、规格、数量、质量、包装

1. 货物品名。(略)
2. 品种、规格。(略)
3. 数量。(略)
4. 质量。(略)
5. 货物包装。(略)

二、货物验收内容、标准、方法、时间、资料

(略)

三、货物保管条件和保管要求

(略)

四、货物放库、出库手续,时间、地点、运输方式

(略)

五、货物的损耗标准和损耗处理

(略)

续表

六、计费项目、标准和结算方式
（略）

七、违约责任

1. 保管人的责任。

（1）在货物保管期间，未按合同规定的储存条件和保管要求保管货物，造成货物丢失、短少、变质、污染、损坏的，应承担赔偿责任。

（2）对于危险物品和易腐物品等未按国家和合同规定的要求操作、储存，造成毁损的，应承担赔偿责任。

（3）由于保管人的责任造成退仓不能入库时，应按合同规定赔偿存货人运费和支付违约金×元。

（4）由保管方负责发运的货物，不能按期发货，应赔偿存货人逾期交货的损失；错发到货地点，除按合同规定无偿运到规定的到货地点外，并赔偿存货人因此而造成的实际损失。

2. 存货人的责任。

（1）由于存货人的责任造成退仓不能入库时，存货人应偿付相应保管费×‰（×‰）的违约金。超议定储存量储存的，存货人除交纳保管费外，还应向保管人偿付违约金×元，或按双方协议办理。

（2）易燃、易爆、易渗漏、有毒等危险货物以及易腐、超限等特殊货物，必须在合同中注明，并向保管人提供必要的保管运输技术资料，否则造成的货物毁损、仓库毁损或人身伤亡，由存货人承担赔偿责任直至刑事责任。

（3）货物临近失效期或有异状的，在保管人通知后不及时处理，造成的损失由存货人承担。

（4）未按国家或合同规定的标准和要求对储存货物进行必要的包装，造成货物损坏、变质的，由存货人负责。

（5）存货人已通知出库或合同期已到，由于存货人（含用户）的原因致使货物不能如期出库，存货人除按合同的规定交付保管费外，并应偿付违约金×元。由于出库凭证或调拨凭证上的差错所造成的损失，由存货人负责。

（6）按合同规定由保管人代运的货物，存货人未按合同规定及时提供包装材料或未按规定期限变更货物的运输方式、到站、接货人，应承担延期的责任和增加的相关费用。

八、保管期限

　　年　月　日至　年　月　日止。

由于不可抗力原因，致使直接影响合同的履行或者不能按约定的条件履行时，遇有不可抗力事故的一方，应立即将事故情况电报通知对方，并应在____天内，提供事故详情及合同不能履行，或者部分不能履行，或者需要延期履行的理由及有效证明文件，此项证明文件应由事故发生地区的____机构出具。按照事故对履行合同影响的程度，由双方协商解决是否解除合同，或者部分免除履行合同的责任，或者延期履行合同。

九、争议处理
（略）

十、检验包装等
（略）

续表

十一、其他
本合同未尽事宜，双方协商解决。 存货人（章）：　　　　　　　　　　保管人（章）： 法定代表人：　　　　　　　　　　　法定代表人： 委托代理人：　　　　　　　　　　　委托代理人： 开户银行：　　　　　　　　　　　　开户银行： 账号：　　　　　　　　　　　　　　账号： 日期：　年　月　日　　　　　　　　日期：　年　月　日

3.3 出库管理

3.3.1 要点：出库管理工作的关键内容

3.3.1.1 货物出库的基本要求

货物出库必须依据提货单进行。不论在任何情况下，仓库管理人员都不得擅自动用、变相动用或者外借库存货物。

货物出库时，仓库管理人员应遵循如表3-20所示的基本要求。

表3-20 货物出库的基本要求

基本要求	具体内容
先进先出，推陈出新	★所谓先进先出就是根据货物入库的时间先后,先入库的货物先出库,以保证库存货物的质量完好； ★对于易变质、易破损、易腐败、机能易退化或老化的货物,应加快周转,对变质失效的货物不予出库
出库凭证和手续必须符合要求	★出库凭证的格式不尽相同,但不论采用何种形式都必须真实、有效； ★如果出库凭证不符合要求,仓库不得擅自发货。特殊情况发货必须符合仓库的有关规定
严格遵守仓库有关出库的各项规章制度	★货物出库必须遵守各项制度,遵章办事。发出的货物必须与提货单、领料单或调拨单上所列的名称、规格、型号、单价、数量相符； ★未验收的货物以及有问题的货物不得发放出库； ★货物入库检验与出库检验的方法应保持一致,以免造成人为的库存盈亏； ★超过提货单有效期尚未办理提货手续的,不得发货

续表

基本要求	具体内容
提高服务质量，满足用户需要	★货物出库要做到及时、准确、保质、保量地将货物发放给收货单位，防止发生差错； ★工作尽量一次完成，提高作业效率； ★为用户提货创造各种便利条件，协助用户解决实际问题

为实现表 3-20 中的基本要求，货物出库时要做到"三不""三核""五检查"。"三不"：非接单据不翻账，未经审查不备货，未经复核不出库。"三核"：发货时，要核实凭证、核对账卡、核对实物。"五检查"：对单据和实物要进行品名检查、规格检查、包装检查、件数检查和质量检查。

3.3.1.2　货物出库的方式选择

货物出库有多种方式可选，如表 3-21 所示的是货物出库的各种方式的具体内容。

表 3-21　货物出库方式的具体内容

出库方式	具体内容
用户自提	指收货单位(或受收货单位委托的其他用户)，持所开的提货单到仓库直接提货，它具有"提单到库，随到随发，自提自运"的特点，仓库根据出库凭证发货，交接手续应在仓库内当即办理完毕
代办托运	仓库根据收货单位的委托，凭所开的货物提货通知单办理出库手续，通过运输部门把货物发到需方指定的地方。这种方式较为常见，也是仓库推行优质服务的措施之一，适用于大宗、长距离的商品运输
送货上门	仓库直接把提货单所开列的货物送到收货单位或门店所指定的地点，仓储部门与运输部门的交接手续，是在仓库现场办理完毕的。运输部门与收货单位的交接手续，根据货主单位与收货单位签订的协议，一般在收货单位指定的到货目的地办理
过户	过户是一种就地划拨的形式，货物虽未出库，但是所有权已从原有的货主转移到新的货主，仓库必须根据原有货主开出的正式过户凭证办理过户手续
转仓	货主单位为了业务方便或改变货物储存条件，需要将某批库存货物从甲库转移到乙库，仓库必须根据货主单位开出的正式转仓票办理转仓手续
取样	取样是由于货主对货物质量检验、样品陈列等的需要，到仓库取货样，仓库必须根据正式取样凭证发给样品，并做好财务记录

3.3.1.3　货物出库的工作程序

货物出库的工作程序如图 3-7 所示。

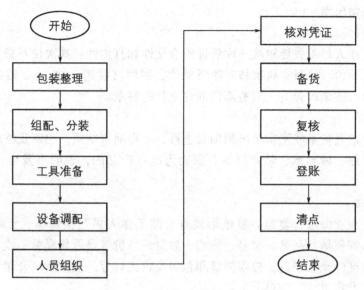

图 3-7 货物出库的工作程序

(1) 货物出库的准备

1) 对出库的货物原件进行包装整理

货物经多次装卸、堆码、移仓和拆检，会使部分包装受损，不符合运输要求。因此，在货物出库前，仓储工作人员必须视情况事先进行整理、加固或改换包装。

2) 零星货物的组配、分装

根据出库货物的实际情况，仓储工作人员要对零星货物进行组配或分装，以适应货主的特别需要。

3) 包装材料、工具、用品的准备

仓储工作人员需要准备的材料、工具和用品主要有：各种包装材料及相应的衬垫物以及刷写包装标志的用具、标签、颜料和钉箱、打包等，这些工具的选择应根据货物性质和运输部门的要求而定。

4) 待运货物的仓容及装卸机具的安排调配

商品出库时，应留出必要的理货场地，并准备必要的装卸搬运设备，以便运输人员的提货发运或装箱、送箱，及时装载货物，加快发送速度。

5) 发货作业的合理组织

发货作业是一项涉及人员较多、处理时间较紧、工作量较大的工作，进行合理的人员组织和机械协调安排是完成发货的必要保证。

由于出库作业比较细致复杂，工作量也大，事先对出库作业合理加以组织，安排好作业人员和机械，保证各个环节的紧密衔接，是十分必要的。

(2) 货物出库

1) 核对凭证

仓储工作人员首先要审核出库凭证的合法性和真实性；其次核对货物品名、型号、规格、单价、数量；再次核对收货单位、到站（或送货地点）、银行账号。如属自提货物，还须检查有无财务部门准许发货的签章。

2) 备货

备货要按发货单或配货单所列项目进行，不得随意变更。出库货物应附有质量证明书或抄件、磅码单、装箱单等。货物为电器产品的，说明书及合格证应随货一起。

3) 复核

备货后应立即进行复核。复核形式有仓储工作人员互相复核、专职人员复核等。复核内容包括：品名、型号、规格、数量、单价等是否与提单一致；配套是否齐全；技术证件是否齐备，外观质量和包装是否完好等。复核后，仓储工作人员和复核员应在发货单或配货单上签名。

4) 登账

复核后，仓储工作人员应在出库单上填写"实发数""发货日期"等内容，并签名。然后，将出库单有关联的相关证件资料，及时交收货单位，办理清算手续。仓储工作人员再根据留存的一联出库凭证建立货物保管明细台账、盈余商品账，以备查用。

5) 清点

① 现场清理。包括清理库存商品、库房、场地、设备和工具等。

② 清理档案。对收发、保养、盈亏数量和垛位安排等情况进行分析。

3.3.1.4 货物出库的异常处理

(1) 货物出库时常见的异常问题

货物出库时，常见的异常问题主要有以下三种。

① 出库凭证发现有假冒、复制、涂改，仓储工作人员应及时与仓库主管部门以及出具出库单的单位或部门联系，妥善处理。

② 凡发现出库凭证有疑点，或情况不清楚时，仓储工作人员应及时与制票人员联系，及时查明更正。

③ 进库未验收的货物，一般暂缓发货，待货物验收后再发货。

(2) 出库后问题的处理对策

① 货物发货出库后，收货单位反映规格混串、数量不符等，若确属仓储工作人员发货差错，应予纠正并追究相应的责任；如不属仓储工作人员的差错，应设法查找解决。

② 凡属型号、规格开错的问题,应予退货。仓储工作人员按入库验收程序,重新验收入库。如果包装损坏、产品损坏,仓储工作人员不予退货。包装产品修好后,按入库质量要求重新入库。

③ 凡属产品内在质量问题,客户要求退货和换货,仓储工作人员应由质检部门出具检查证明、试验记录,经货物主管部门同意后,可以退货或换货。

④ 退货或换货产品必须达到验收入库的标准,否则不入库。

⑤ 货物出库后,仓储工作人员发现账实不符,要派专人及时查找追回,以减少损失,不可久拖不决。

3.3.2 工具1:发货通知单

发货通知单由客户名称、订单号码、发货日期等组成,需要相关人员进行审核。发货通知单如表3-22所示。

表3-22 发货通知单

客户名称		订单号码		发货日期	
货物名称		货物型号		货物类别	
货物单价		货物数量		货物总价	
备注					
填表		审核		主管	

3.3.3 工具2:货物出库单

货物出库单比较常见,如表3-23所示。

3.3.4 工具3:发货日报表

发货日报表是每日发货的简单汇总工具,如表3-24所示。

表 3-23　货物出库单

客户名称：　　　　　　　　　　　　　　　　　　　　发货日期：　年　月　日
发货仓库：　　　　　　　　　　　　　　　　　　　　储存凭证号码：
仓库地址：

品名	货号	单位	单价	数量	金额	是否包装	备注

仓储主管：　　　　　　　仓库管理员：　　　　　　　提货人：

表 3-24　发货日报表

编号：　　　　　　　　　　　　　　　　　　　　　　填写日期：　年　月　日

客户	品名	规格	数量	备注

3.3.5　流程 1：货物出库操作工作流程

货物出库操作工作流程通常分四个步骤，如图 3-8 所示。

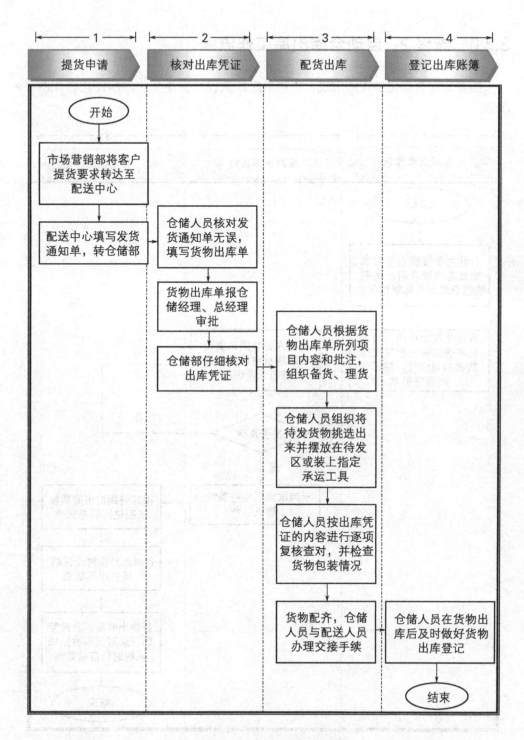

图 3-8 货物出库操作工作流程

3.3.6 流程2：自动仓库出库工作流程

随着仓库自动化管理的出现，货物出库的流程也发生了相应的变化，如图3-9所示。

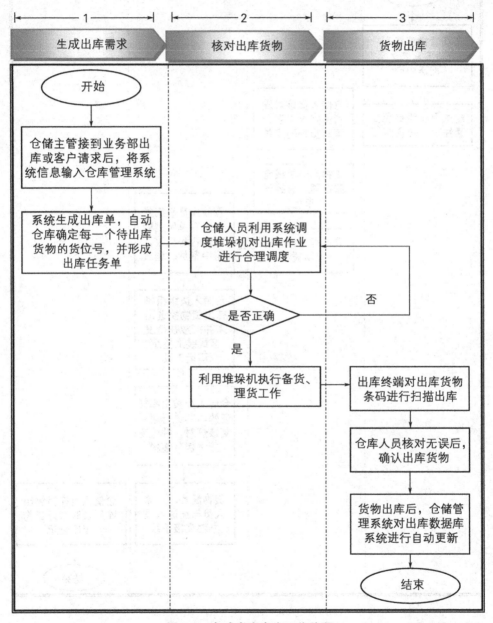

图 3-9 自动仓库出库工作流程

3.3.7 规定:仓库货物出库管理规定

货物出库必须"按规定、走流程",下面是某公司的仓库货物出库管理规定。

仓库货物出库管理规定

第一条　为规范公司货物出库管理,杜绝浪费现象和不规范操作,特制定本规定。

第二条　本规定适用于公司所有仓库货物。

第三条　公司仓库的一切货物的对外发放,一律凭盖有财务专用章和相关人员签章的"商品调拨单(仓库联)",一式四份,一联交业务部门,一联交财务部门,一联交仓库作为出库依据,一联交统计。由仓储工作人员办理出库手续,仓储工作人员根据"商品调拨单"注明业务承办人,一联由仓储部作为登记实物账的依据,一联由仓储工作人员定期交财务部。

第四条　生产车间领用原料、工具等货物时,仓储工作人员凭生产技术部门的用料定额和车间负责人签发的领料单发放,仓储工作人员和领料人均须在领料单上签名,领料单一式三份,一联返回车间作为其货物消耗的考核依据,一联交财务部作为成本核算依据,一联由仓储部作为登记实物账的依据。

第五条　发往外单位委托加工的材料,应同样办理出库手续,但须在出库单上注明,并设置"发外加工登记簿"进行登记。

第六条　来料加工客户所提供的材料在使用时应类比生产车间办理出库手续,但须在领料单上注明,且不登记实物账,而是在"来料加工材料登记簿"上进行登记。

第七条　对于一切手续不全的提货、领料事项,仓储工作人员有权拒绝发货,并视其程度报告业务部门、财务部门和公司经理处理。

第八条　本规定由仓储部及财务部负责制定及修改。

第九条　本规定自发布之日起执行。

3.4 退货管理

3.4.1 要点:退货管理工作的关键内容

3.4.1.1 退货的原因

仓储货物的退货主要有以下四个方面的原因。

(1) 仓储物品有瑕疵

在制造或生产过程中，由于技术、生产条件等原因难以避免造成仓储货物具有瑕疵，仓储部在发现问题后，应立即全部回收已出库的货物，避免给广大客户和消费者造成重大损失，并且将造成货物瑕疵的原因公之于众。

(2) 搬运过程中造成的损坏

在搬运过程中由于搬运运动激烈、货物包装不良或者其他原因造成的损坏，仓储部应及时总结教训，分析损坏原因，并找出解决方法，以免类似事件再次发生。

(3) 送错货物退货

由于物流管理上的疏忽，如拣货不确切、条码、出货单等处理错误，仓储工作人员的粗心大意等原因，使得客户收到的货物品名、数量或规格等与订单不符，出现此种问题必须立即办理退货手续进行换货，减少客户的抱怨。

(4) 货物过期退货

一般的货物都有有效期限，为了保证客户或消费者的利益，要从货架上卸下过期的货品，不可再卖，更不可更改到期日。过期商品在《中华人民共和国环境保护法》的限制下，必须委托合格的丢弃物处理商处理。

3.4.1.2 退货处理注意事项

退货处理需注意以下事项。

(1) 仓储部应制定退货规定，建立退货程序，对退货的处理、检查和准许等事项作出规定，使有关各方面能维持良好的关系。

(2) 高层管理部门及其他有关人员都应参加回收产品的一切活动。退货处理对生产厂家和流通网络中的各方来说都是一件极其严重的事情。高层管理部门应参加回收产品的一切活动，其他有关人员包括企业的法务人员、财务人员、公关人员、品质管理人员、制造工程人员以及销售人员也都应参加。

(3) 企业应指派专人负责处理产品收回事件。这样能更好地应对紧急情况，并且高效、快速处理事件。

(4) 企业应制定一些预防措施。在产品回收事件处理不成功，诉诸法律时，企业可以将已采取的预防措施作为申诉的一部分内容。

3.4.1.3 仓库退货的处理方法

一般情况下，仓库进行退货处理的主要办法有无条件重新发货、运输单位赔偿、收取费用再重新发货及重新发货或替代四种，具体方法如表 3-25 所示。

表 3-25 退货处理方法

退货情况	退货处理办法
无条件重新发货	因为仓储工作人员按订单发货发生错误,应由仓储工作人员调整发货方案,将错发货物调回,重新按原正确订单发货,中间发生的所有费用应由仓储工作人员承担
运输单位赔偿	因为运输途中产品受到损坏而发生退货的,根据退货情况,由仓储工作人员确定所需的修理费用或赔偿金额,然后由运输单位负责赔偿
收取费用再重新发货	因为客户订货有误而发生退货的,退货所有费用由客户承担,退货后,再根据客户新的订货单重新发货
重新发货或替代	因为产品有缺陷,客户要求退货,配送中心接到退货指示后,物流配送中心应安排车辆收回退货商品,将商品集中到仓库退货处理区进行处理。一旦产品收回,生产厂家及其销售部门应立即采取措施,用没有缺陷的同一种产品或替代品重新填补货架

3.4.2 工具 1：货物退货单

货物退货单适合大单退货的情况,如表 3-26 所示。

表 3-26 货物退货单

编号：　　　　　　　　　　　　　　　　　　　填写日期： 年 月 日

序号	货物编号	品名	单位	退仓数量	实收数量	备注

制表：　　　　　审核：

3.4.3 工具 2：退货缴库单

退货缴库单上列有货物名称、规格、单位、数量、退货详细原因等栏,如表 3-27 所示。

表 3-27 退货缴库单

退货单位：		缴库单编号：			退货日期：　年　月　日	
货物名称	规格		单位	数量		退货详细原因

3.4.4　工具3：退货报告单

退货报告单较为详尽，关键是退货原因和处理办法的及时填写，将来可以参考、借鉴，如表3-28所示。

表 3-28 退货报告单

客户名称：							日期：　年　月　日	
订单号	货物名称	货物代码	货物数量	货物价格	是否付款	退货原因		处理办法

3.4.5　流程：退货处理工作流程

退货处理工作流程分为四个步骤，如图3-10所示。

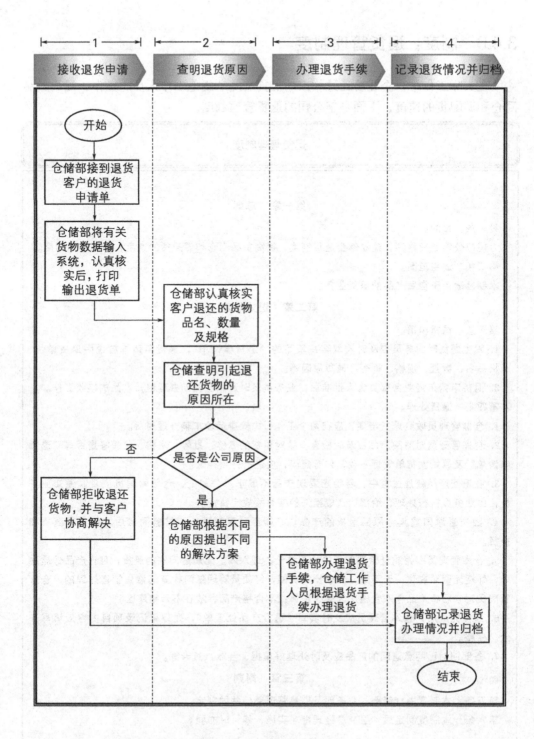

图 3-10 退货处理工作流程

3.4.6 制度：退货管理制度

在实际工作中，企业要通过相应的退货制度来规范工作人员的操作，提高货品回仓和调配货的速度，下面是某公司的退货管理制度。

退货管理制度

第一章　总则

第一条　目的。
为规范公司退货程序，建立健全退货制度，提高货品回仓和调配货的速度，特制定本制度。
第二条　适用范围。
本制度适用于售后产品的退货业务。

第二章　退货规定

第三条　退货申请。
1. 发生退货时业务员应及时收取客户填写的"退货申请单"，退货申请单应说明退货单位、退货品名、数量、规格、批号、退货原因等。
2. 退货申请单经业务部负责人批准后，业务员及时通知仓储部办理退货产品的接收工作。
第四条　退货处理。
1. 仓储管理员收到退货申请，应在两个工作日内安排运输车辆办理退货。
2. 仓库管理员对退回产品应及时检查，核对退货的名称、批号、规格、包装等是否与"退货申请单"及原始发货单凭证一致，如有疑问，应进行开箱检查。
3. 在退回产品处理过程中，若检查发现产品不属于本公司的，仓储管理员应及时通知业务员，由业务员自行处理，给部门造成损失的按有关规定执行。
4. 因质量原因或其他原因退货的产品，必须经质量管理部门检验同意后才能办理退货和换货。
5. 仓库管理员根据质量管理部门的检查结论办理入库。无质量问题的退货，且在产品保质期内，外观无明显变化，无污染，无破损情况的，经质量管理部门检查同意做销售处理的，仓库管理员记录后将产品存入合格库区继续销售；不合格产品存放在不合格库区。
6. 退货完成后，仓库管理员应及时填写"退货产品处理单"，处理单记录项目内容应填写齐全、完整。
7. 各部门对已同意退回的产品应及时处理好单据、台账、货卡等。

第三章　附则

第五条　本制度由仓储部、业务部及质量管理部门共同制定。
第六条　本制度制定后，呈交总经理批准实施，修订时亦同。

3.5 库存控制

3.5.1 要点：库存控制工作的关键内容

3.5.1.1 库存控制的方法

库存控制的方法主要有六种，具体如表 3-29 所示。

表 3-29 库存控制的方法

方法	特点					
	订货数量	订货点	检查周期	需求率	前置时间	保险存货量
定量订货控制法	固定	固定	可变	固定/可变	固定/可变	中
双堆订货控制法	固定	固定	可变	固定/可变	固定/可变	中
定期订货控制法	可变	可变	固定	固定/可变	固定/可变	大
非强制补充供货控制法	可变	可变	固定	固定/可变	固定/可变	很大
物料需求计划(MRP)	可变	可变	固定/可变	固定	固定/可变	小/无
准时制生产方式(JIT)	固定/可变	固定/可变	固定/可变	固定	无	无

3.5.1.2 库存控制管理的关键点

(1) 做好物品的分类分级工作

根据企业仓库所储存货物的实际情况，确定 A 类、B 类、C 类物品范围，对物品类别进行库存量统计。并按库存量或根据物品单价或实际库存金额进行排序和分类，根据 A、B、C 分类的管理原则对物品进行分区规划布置、物品采购、人力资源配置、工具设备的选用等规划工作。

(2) 根据物品现有库存量、采购提前期等数据来确定各类物品的经济订购批量和订购时点

采购时间和采购数量会影响企业经营资金的调度和库存成本，所以对于各类物品的采购都要根据企业的库存安排来考虑物品的经济采购批量和订购时点。主要依据物品的采购单价、达到经济规模数量、物品现有库存量、采购提前期、采购成本、单位库存成本等数据来综合确定物品的订购经济批量和订购时点，以实现及时化的采购和入库作业，充分利用库存空间，降低库存成本，提高仓储物流的有效程度与效率。

(3) 对仓库管理中的物品货位跟踪管理

对各类物品的储存库位、储存区域和分布状况进行分日、周、月的跟踪管理，确保每项物品的货位和区域的分布能够随时间、数量情况的变化而作出相应的改动，避免物品在仓库的存货积压现象，确保货位的安排能合理利用仓库的空间，货位与区域的安排能与物品一一对应。

(4) 做好对仓库物品的定期盘点和循环盘点，确保对仓库库存物品的数量管理控制一步到位

确定仓库的定期盘点期限，以月、季、半年、年为盘点时段进行对库存物品的盘点，确保仓库的物品能"物尽其用，货畅其流"，并对积压、滞销物品进行及时处理。在普通工作日对某些重点管理的 A 类物品进行盘点，及时了解该类物品的库存数和货位数据，对盘盈和盘亏物品进行及时性的处理，以批量方式修正库存量和库存安排，确保对仓库库存物品的数量管理控制严格按规定执行。

3.5.1.3 订货管理方式的比较

定期订货法和定量订货法两种库存订货管理方式有很大的不同，具体两者的比较如表 3-30 所示。

表 3-30　两种库存订货管理方式的比较

项目	定期订货法	定量订货法
订货数量	每次订货数量变化	每次订货数量保持不变
订货时间	订货间隔期不变	订货间隔期变化
库存检查	在订货周期到来时检查库存	随时进行货物状况检查和记录
订货成本	较低	较高
订货种类	多品种统一进行订货	每个货物品种单独进行订货作业
订货对象	B 类及 C 类货物	A 类货物，有时 B 类货物亦可采用
缺货	在整个订货间隔期内以及提前订货期内均有可能发生缺货	缺货情况只是发生在已经订货但货物还未收到的提前订货期间内

3.5.2 工具 1：库存状态表

库存状态表记录当前库存货物的综合情况，如表 3-31 所示。

表 3-31　库存状态表

序号	货物名称	货物代码	货物单位	库存数量	保税货物			完税货物			清关货物		
					好货	坏货	搁置	好货	坏货	搁置	好货	坏货	搁置
备注													

3.5.3　工具 2：库存货物评估明细表

库存货物评估明细表主要是对比货物的账面价值和评估价值从而判定增值率，如表 3-32 所示。

表 3-32　库存货物评估明细表

序号	名称	规格型号	单位	账面价值			实际数量	评估价值		增值率	备注
				单价	数量	金额		单价	金额		

3.5.4　工具 3：积压变质货物处理表

积压变质货物处理表用来辅助对积压变质货物的处理，工作人员要列明处理措施，算出处理损失的金额，如表 3-33 所示。

表 3-33　积压变质货物处理表

编号：　　　　　　　　　　　　　　　　　　　　　　　　填写日期：　年　月　日

序号	品名	规格	单位	数量	处理前		处理后		损失金额	处理措施	备注
					单价	金额	单价	金额			

3.5.5　工具 4：呆滞货物处理汇总表

呆滞货物处理汇总表用来辅助对呆滞货物的处理，工作人员要列明处理措施，算出账面损益，如表 3-34 所示。

表 3-34　呆滞货物处理汇总表

编号：　　　　　　　　　　　　　　　　　　　　　　　　　　　　第　页　共　页

货物名称（大类别）	上月结存（账面金额）	本月发生（账面金额）	本月处理				其他处理（账面金额）	合计（账面金额）	本月结存（账面金额）
			出库						
			账面	价格	数量	账面损益			

3.5.6　流程：库存管理工作流程

库存管理工作流程分为四个步骤，如图 3-11 所示。

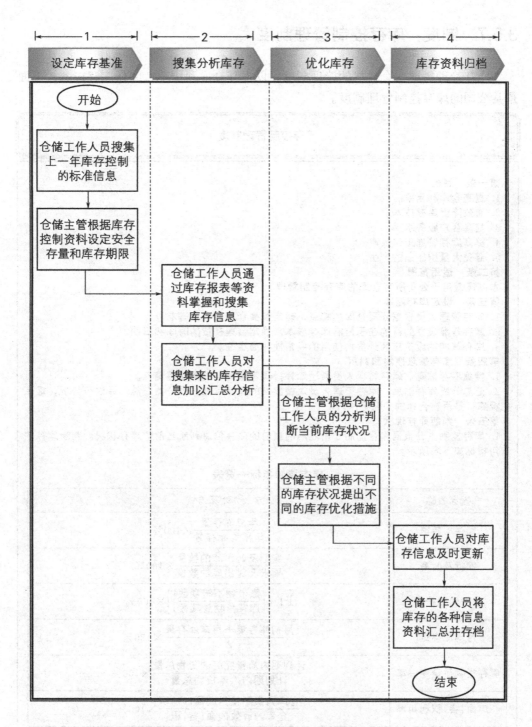

图 3-11　库存管理工作流程

3.5.7 制度：库存控制管理制度

库存管理需要一套详尽的管理制度，以提高仓库利用率，降低库存成本，下面是某公司的库存控制管理制度。

库存控制管理制度

第一条 目的
1. 提高仓库利用率。
2. 有效降低库存成本。
3. 提高客户服务水平。
4. 提高库存管理工作效率。
5. 避免大量积压品的产生。

第二条 适用范围
本制度适用于公司所有仓库的库存控制管理。

第三条 设定库存基准
1. 库存管理人员根据公司仓库的特点，确定各类仓库的库存基准。
2. 库存基准设立的目的在于控制库存成本，确定合理补货的时间和日期。
3. 库存基准的设定应区分货物使用的经常性和稳定性。

第四条 库存信息搜集和利用
1. 搜集库存信息。库存管理人员通过库存报表等掌握和搜集库存信息。
2. 汇总分析库存信息。库存管理人员对搜集到的库存信息进行分类汇总，并进行分析，重点把握库存是否在合理的控制范围内。

第五条 判断库存现状
1. 库存控制主管根据库存控制专员汇总的当前的库存信息判断当前的库存状况。判断库存的常用指标如下表所示。

库存控制指标一览表

指标名称	计算方式
库存周转率	$\dfrac{年总库存量}{年平均库存量} \times 100\%$
发货及时率	$\dfrac{实际及时出库的数量}{要求及时出库的数量} \times 100\%$
账卡物相符率	$\left[1 - \left(\dfrac{账卡物不符项数}{库存货物总项数}\right)\right] \times 100\%$
月均库存量	$\dfrac{月初库存量 + 月末库存量}{2} \times 100\%$
库存货物质量完好率	$\dfrac{计划期内质量完好的货物总量}{计划期内入库货物总量} \times 100\%$
仓库面(容)积利用率	$\dfrac{仓库内实际使用的面(容)积}{仓库内有效的面(容)积} \times 100\%$

续表

2. 库存状况通报

（1）库存控制主管应及时向业务部门汇报最新库存情况，以便业务部门合理掌握业务开发及运作情况。

（2）库存控制主管及时向财务部报送库存状况，有利于财务部对库存控制进行费用预算和平衡。

第六条　提出库存优化措施

1. 库存控制主管针对不同的判断结果提出不同的应对措施。

2. 业务部门针对库存量低的情况，进行相关业务的开拓。

第七条　库存信息更新

1. 库存及时得到补充后，库存控制专员及时将变更后的库存信息填进相关表单，并在库存控制管理系统中进行库存信息更新。

2. 库存信息更新后，库存控制专员要及时对库存的最新情况进行登记，并计算各类库存指标。

第八条　库存资料汇总归档

库存控制专员及时将在库存管理过程中形成的各种资料汇总，并送档案管理部门进行归档保存。

第九条　本制度由仓储部制定，总经理审批通过后执行。

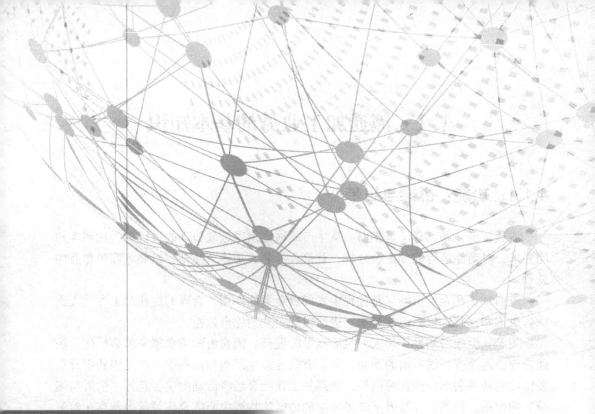

第4章

流通加工管理

4.1　流通加工业务的基本知识

4.1.1　功能：桥梁与纽带

流通加工，顾名思义是指商品从生产领域向消费领域流动的过程中，按照客户的要求，对商品进行的分割、分解、计量、涂装、加热、冷却、组装等简单作业的总称。

流通加工在企业市场经营过程中发挥着重要的作用，合理的流通加工可以大大降低成本和损耗，提高运输效率，进而提升企业的综合效益。

随着社会经济的发展和人们生活水平的提升，消费者的需求越来越多样化。流通管理通过改变流通对象的形态，从而有效连接生产端与消费端，满足消费者日益多样化的独特需求。因此可以说，流通加工在社会经济活动中主要起到"桥梁与纽带"的作用。目前，在世界上许多国家和地区的物流中心或仓库经营中都存在着流通加工业务。

4.1.2　区别：流通加工与生产加工的不同点

流通加工与生产加工两者虽然都是"加工"，但有着明显的区别。

生产加工是生产企业利用原材料、半成品或零配件，在工厂中经过员工进行复杂的生产而创造出商品价值及使用价值的过程。而流通加工是商品在流通领域中进行的简单生产活动，它并不改变商品的基本形态和功能，只是完善商品生产过程之后的使用功能，增加商品的某种附加价值，最终的目的是维护商品质量，促进销售或提升物流的效率。

4.2　流通加工管理细节

4.2.1　工具1：流通加工信息表

流通加工信息表用来记录客户名称、加工内容、加工标准等事项，如表4-1所示。

表 4-1　流通加工信息表

编号：　　　　　　　　　　　　　　　　　　　　填写日期：　年　月　日

客户名称		联系方式	
货物名称		货物数量	
委托日期	年　月　日	交货时间	年　月　日
流通加工内容	□分割加工　□分装加工　□分选加工　□冷却加工 □贴标加工　□其他加工		
加工标准	1. 2. 3.		
（加工样图）			
备注			

4.2.2　工具 2：蔬菜加工调查表

有些商品如蔬菜，在流通中除了进行商品化加工外，还需要进行精深加工，4-2 为蔬菜加工调查表。

表 4-2　蔬菜加工调查表

物流企业名称	采后商品化处理						
	冷库数量/座	容量/t	配送车间面积/m²	冷藏运输车辆/辆	年销售量/t	年销售额/万元	年利润/万元
精深加工							
加工类型	加工设备	年加工能力/t	上年度年实际加工量/t	年销售额/万元		年利润/万元	
备注	加工类型包括速冻、冷冻加工,酿制,罐装,脱水保鲜,萃取,纳米超微加工及其他						

4.2.3　流程：流通加工管理流程

流通加工管理流程一般分为三个步骤，如图 4-1 所示。

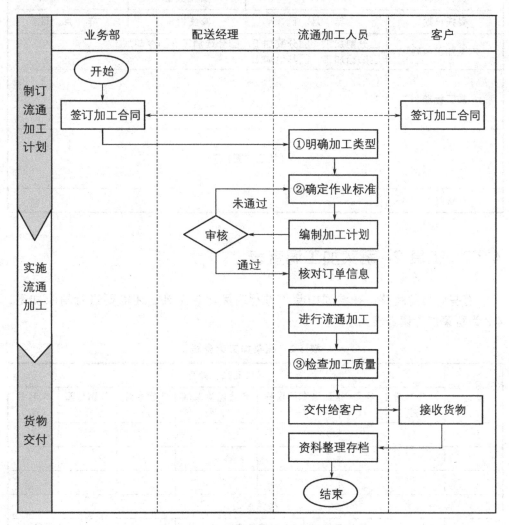

图 4-1　流通加工管理流程

流通加工管理流程关键节点说明如表 4-3 所示。

表 4-3　流通加工管理流程关键节点说明

关键节点	相关说明
①	常见的加工类型主要有分割、分装、组装、分选、计量、贴标签等

续表

关键节点	相关说明
②	不同货物的加工标准是不同的,流通加工人员应根据货物特性、客户要求和公司流通加工规范来确定具体的加工标准
③	流通加工结束后,加工人员认真检查加工结果,确保加工质量符合客户要求

4.2.4 制度:流通加工管理办法

下面是某物流企业的流通加工管理办法。

制度名称	流通加工管理办法	编号	
		执行部门	

第一条 目的。

为了规范货物的流通加工管理,更好地保证货物特性,满足客户要求,维护公司利益,特制定本管理办法。

第二条 适用范围。

本办法适用于所有流通加工作业的管理工作。

第三条 执行人员。

配送部流通加工人员应严格按照本管理办法,做好货物的流通加工工作;相关管理人员应定期进行检查评估。

第四条 定义。

流通加工是指货物在流通过程中,为了加快物流速度、保护货物特性、提高货物利用率、增加货物附加值等,按照客户要求进行的简单加工活动。常见的流通加工包括包装、组装、分割、计量、分拣、刷标志、粘贴标签等。

第五条 不同货物的流通加工。

公司在配送货物时应根据货物特点和客户要求进行适当的流通加工,不同货物的流通加工作业类型参照下表所示。

不同货物的流通加工作业类型一览表

货物种类	加工业务	加工说明
生鲜食品	冷冻加工	◆方便食品保鲜和搬运装卸而采取低温冷冻加工
	分选加工	◆对于果类、瓜类、谷类等离散特征明显的农副产品,应提供人工或机器分选服务,以满足配送和客户要求
	分装加工	◆方便销售,可按客户要求进行新的包装,将运输包装改为销售包装
	精制加工	◆对农、牧、副、渔等类型的货物,根据客户要求在产地或销售地设置加工点,去除无用部分,甚至进行切分、清洗、分装等加工

续表

货物种类	加工业务	加工说明
蔬菜	脱水加工	◆方便运输和保存,通过干燥技术使蔬菜脱水
	速冻加工	◆将洗净的蔬菜经漂洗处理后,放入在-180～-50℃的环境中,以较短的时间和极快的速度使之速冻
	净洁加工	◆将新鲜蔬菜剔除残根、老叶、虫伤部分,经洗净后包装成干净蔬菜
	榨汁加工	◆将蔬菜洗净后,通过研磨、粉碎获取一定浓度的蔬菜原汁
轻纺产品	分类	◆根据客户要求,按照颜色、样式等进行分类
	检查	◆根据客户要求,检查货物可能存在的问题
	装袋	◆按照客户要求,对货物进行贴标签、装袋、装箱等加工
木材	磨制木屑压缩	◆将原木磨成木屑,采取压缩方法,使之成为密度较大、容易装运的形式和状态
	集中开木下料	◆按照客户需求,将原木锯裁成各种规格的木材,同时将碎木、碎屑集中加工成各种规格的板材
煤炭	除矸加工	◆有利于提高运输效率,可除去煤炭中的矸石
	配煤加工	◆在使用地区设置集中加工点,将各种煤炭和一些其他发热物质,按不同配方进行掺配,以生产出不同种类的燃料

第六条 合理化规定。

1. 加工和配送相结合

公司在配送货物时应注意将流通加工和配送相结合。通常,公司应将加工点设置在配送点中,一方面可以按配送要求进行流通加工,另一方面还可使加工后的产品直接投入配货作业,提高服务水平。

2. 加工和配套需求相结合

公司应根据客户的配套需求进行适当的流通加工,提高货物配送的附加值,体现流通加工的桥梁和纽带作用。

3. 加工和合理运输相结合

公司应充分利用流通加工,有效减少货物运输中转时的停顿环节,大大提高运输效率和转载水平。

4. 加工和合理商流相结合

公司应通过流通加工有效促进销售,使商流更加合理化,从而提高公司配送水平,增加服务的附加值。

5. 加工和节约相结合

公司在进行流通加工时,必须考虑加工中的节约问题。通过节约能源、节约耗费、节约人力和节约设备,可有效降低流通加工成本,提高公司效益。

第七条 本管理办法由配送部制定,其修改和解释工作也由配送部负责。

第八条 本管理办法经有关领导审批通过后,自发布之日起开始执行。

编制人员		审核人员		批准人员	
编制日期		审核日期		批准日期	

第5章

运输与配送管理

5.1 运输管理

5.1.1 要点：运输管理的关键

5.1.1.1 运输管理的内容

运输业务的管理是企业对物品运输过程的管理，包括对物品的发运、接运、中转和安全运输的管理，以达到提高效率、降低成本的目的。运输管理的内容如表5-1所示。

表5-1 运输管理的内容

序号	内容	说明
1	发运管理	◎发运是根据公司运输计划将货物从起运地运往目的地的第一个环节，托运人按时做好提供货源、货物包装等准备工作，承运人做好及时安排运输工具等工作
2	接运管理	◎在为到达的货物办理交接手续后，将货物及时接运到指定地点的工作
3	运输安全管理	◎在运输过程中，物品要经过多次装卸和搬移等环节，容易发生各种事故。因此，必须加强运输安全管理，减少货损货差 ◎首先，要努力防止运输事故的发生，建立和健全各项运输安全制度，并严格执行；同时，应及时处理运输事故，一旦发生运输事故，有关各方当事人要立即采取措施，减少损失，分清责任，及时处理
4	中转管理	◎当货物不能一次性直达目的地时，就要经过二次运输从而发生中转作业。中转作业除了要保证货物的及时安全送达以外，还要保持货物在中转过程中的原有使用价值

5.1.1.2 运输管理的功能

(1) 货物转移

运输作为物流管理中最直观的环节之一，其第一功能便是货物的转移。无论货物处于何种形式，或处于生产过程的何种环节，物流运输是不可或缺的。运输的首要功能便是实现货物在价值链之间的相互转移，从效用价值较低的地方转移到效用价值较高的地方，从而更好地实现货物的使用价值。

(2) 货物短期储存

物流运输具有货物短期储存的特殊功能。无论运输距离的远近，运输货物都需要一定的时间。运输过程中货物是储存在运输工具之内的，特别是长途运输，货物在运输工具中储存的时间更长，运输工具便起到了短期储存货物的功能。另外，当运输过程中需要中转时，货物仅需短暂停留而无需卸下，运输工具也可以作为短期储存仓库，发挥货物短期储存功能。

5.1.1.3 运输方式选择标准

(1) 各类运输方式的比较

运输规划人员应根据各种运输方式的优缺点，结合具体的货运项目，选择合适的运输方式。各种运输方式比较表见表5-2。

表 5-2 各种运输方式比较表

运输方式	优点	缺点	适用运输对象
铁路运输	◇运量大、运费便宜； ◇运输距离长； ◇安全、受天气干扰小	◇近距离运输成本高； ◇速度较慢、运输不灵活； ◇货物在中途停留时间长； ◇常因等待拼箱而错失时机	◇大宗货物； ◇大件杂货
公路运输	◇近距离运输方便； ◇费用较低、运输路线灵活； ◇在门到门的运输中很方便； ◇运输途中不需要装卸	◇不适用大宗货物； ◇远距离运费较贵； ◇安全性比较低	◇短途运输； ◇零担运输
水路运输	◇费用低廉； ◇可用专用船舶运特殊货物； ◇适用于长距离运输； ◇适用于大宗货物运输	◇速度慢、易受天气影响； ◇装卸费用高； ◇安全性不高； ◇准确性和灵活性不高	◇中长途大宗货物
航空运输	◇速度快、货运质量高； ◇适用于中长途运输； ◇不易受地面条件限制	◇费用高； ◇须在机场附近； ◇易受天气影响	◇中长途小件； ◇贵重物品； ◇保鲜货物

(2) 运输方式选择分析

运输管理人员应根据铁路运输、公路运输、水路运输、航空运输等各种运输方式的优缺点、适用范围，结合具体的货运项目，选择合适的运输方式。

选择时，可根据不同评价指标对每种运输方式进行打分，填入"运输方式选择定性分析表"，然后选择出分值最高的运输方式。运输方式选择定性分析表如表5-3所示。

表 5-3　运输方式选择定性分析表

指标＼分值＼运输方式	航空运输	水路运输	铁路运输	公路运输
物品种类				
运输量				
运输距离				
运输时间				
运输成本				
总分数				
评价过程打分标准	1. 运输方式对评价指标非常符合,5 分 2. 运输方式对评价指标基本符合,4 分 3. 运输方式对评价指标一般适合,3 分 4. 运输方式对评价指标不太适合,2 分 5. 运输方式对评价指标很不适合,1 分			

5.1.1.4　运输渠道选择标准

在运输渠道选择过程中,应遵循以下 4 个原理,确保运输渠道的畅通。

(1) 规模原理

① 规模原理是指导运输经营的首要原理。规模经济的特点是随着装运规模的增长,每单位重量的运输成本逐渐下降。运输规模经济之所以存在,是因为与转移一票货物有关的固定费用可以按整票货物的重量分摊。

② 单货物越重,就越能"摊薄"成本,由此使每单位重量的成本降低。

③ 与货物转移有关的固定费用不随着装运数量的变化而变化。主要包括接受运输订单的行政管理费用,定位运输工具装卸的时间费用、开票费用,以及设备费用等。

(2) 距离原理

① 距离原理是指导运输经营的基本原理。距离经济的特点是指每单位距离的运输成本随距离的增加而减少。

② 运输的距离经济亦指递减原理,因为费率或费用随距离的增加而逐渐减少。

③ 距离经济的合理性类似于规模经济,尤其是运输工具装卸所发生的相对固定的费用必须分摊到各单位距离的变动费用上。运输距离越长,固定费用就可以分摊给更多的单位距离,从而使单位距离所需支付的费用降低。

(3) 服务原理

① 服务原理是指导运输的核心原理。

② 任何企业的运输经营活动都是为有空间效应需求的消费者提供服务的。

③ 运输经营的目标，不仅在于提高装运规模和实现距离最大化，更重要的在于满足客户的服务期望。

④ 提供怎样的服务、怎样提供服务和为谁提供服务是运输经营的核心要求。

(4) 成本原理

企业开展运输经营，必须树立经营成本管理意识，加强运输成本控制，实现运输服务与运输成本的合理统一。

5.1.1.5 运输过程合理化管理

(1) 运输不合理的体现

在运输过程中，容易出现以下 8 类运输不合理的现象。

① 空载或空返。应尽力避免因调运不当、货源计划不周造成的空驶。只有在必须调运空车时，才允许出现此种状况。

② 对流运输。应当避免同类货物沿着同一路线相向运输，或者货物违反近产近销的原则，沿着平行的路线相向运输。对流运输如图 5-1 所示。

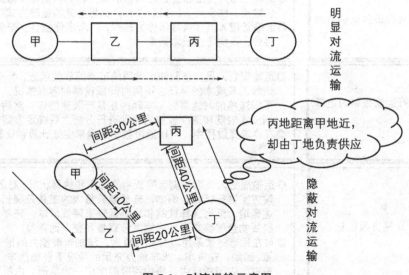

图 5-1 对流运输示意图

③ 迂回运输。避免迂回运输的方式就是要选择最短路线，如图 5-2 所示。

④ 重复运输。应当避免因为计划不周而出现在中途停卸、重复装运的不合理运输现象。重复运输增加了中间装卸环节，延长了货物在途的时间，降低了运输效率。

⑤ 过远运输。在安排调运物资的时候不得舍近求远。

⑥ 托运方式选择不当。在选择托运方式的时候应当进行分析，然后选择最合理的托运方式，避免造成运力浪费、费用加大。

⑦ 违规超限运输。运输过程中不得出现物资超过限载的长度、宽度、高度和

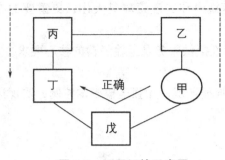

图 5-2 迂回运输示意图

重量的情况。超限物资应提前办理各种证件，因规划不合理引起的超限运输，运输主管应负相应责任。

⑧ 运力选择不当。应对各种运输的优势进行比较之后作出合理的选择，避免不正确利用运输工具造成的损失和浪费。

（2）运输合理化措施

运输管理人员，可以通过以下 4 种措施促进运输过程的合理化，具体做法如图 5-3 所示。

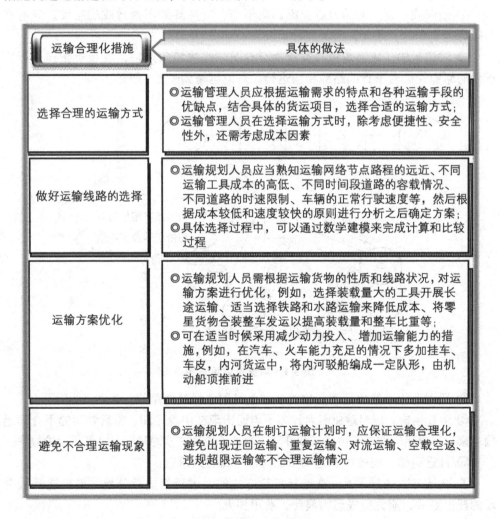

图 5-3 运输合理化措施说明图

5.1.2 工具1：货物运输通知单

货物运输通知单适用于各种运输方式，如表5-4所示。

表5-4 货物运输通知单

编号：　　　　　　　　　　　　　　　　　　　　　　通知日期：　年　月　日

客户名称				联系电话			
地址							
运输货品列表							
货品名称		规格	数量	单价	金额	备注	
中文	英文						
金额总计			人民币（大写）　万　仟　佰　拾　元整				
运输要求							
1. 交货日期：自签订本单后　天内或　年　月　日以前 2. 交货地点： 3. 交货单号码： 4. 发票号码：							
通知人员签字			运输主管签字			运输人员签字	

5.1.3 工具2：汽车货物运输单

汽车货物运输单适用于以汽车运输的各类货物，工作人员要写明包装形式、体积、重量等，如表5-5所示。

表 5-5　汽车货物运输单

开票单位（盖章）：　　　开票人：　　　承运驾驶员：　　　　　　填写日期：　　年　月　日

名称	包装形式	件数	体积/m³	件重/kg	重量/t	保险保价	货物等级	计费项目	
								运费	装卸费

托运人		地址		电话	
发货人		地址		电话	
收货人		地址		电话	
付货人		地址		电话	
约定起运时间		约定到达时间		运输工具	
装货地点		卸货地点		计费里程	

合计金额	人民币　万　仟　佰　拾　元整
托运记录	承运人记录
付款人银行账号	承运人银行账号

托运人签章：　　　　承运人签章：

5.1.4　工具 3：交运货品清单表

交运货品清单表要将货品的材质和新旧程度填写清楚，如表 5-6 所示。

表 5-6 交运货物清单表

发站：　　　　　　　　　　　　　　　　　　　　　　　　运单号码：

货件编号	包装	详细内容			件数或尺寸	重量	价值/元
		物品名称	材质	新旧程度			

托运人盖章或签字：　　　　　　　　　　　　　　　　　填写日期：　年　月　日

5.1.5 工具 4：货物运输记录表

货物运输记录表除了填写货物的基本情况之外，还要填写货物的短损情况，如表 5-7 所示。

表 5-7 货物运输记录表

运输起点		运输终点	
运输起止时间	年　月　日　时至　年　月　日　时		
逾期时间/天		逾期罚款	
运输里程		运输重量	|吨公里|
短损情况/t			
公路	铁路	海运	空运
运输费用		获赔金额	
装卸费用		报损金额	
承运者签字			
备注			

5.1.6　工具5：空运托运单

空运托运单适用于以飞机运输的各类货物，工作人员要写明货物的基本情况和处理情况等，如表5-8所示。

表5-8　空运托运单

托运人姓名及地址	托运人账号	供承运人用	
		航班/日期	航班/日期
收货人姓名及地址	收货人账号	已预留吨位	运费
始发站	到达站	代理人的名称和城市	
托运人声明的价值		保险金额	
供运输用	供海关用	所附文件	
处理情况（包括包装方式货物标志及号码等）			
件数	实际毛重/kg	运价类别	收费重量/kg	费率	货物品名及数量（包括体积或尺寸）

5.1.7　流程1：货物发运工作流程

货物发运工作流程分为制订运输计划、运输准备、组织运输三个步骤，由配送部、仓储部等部门安排实施，如图5-4所示。

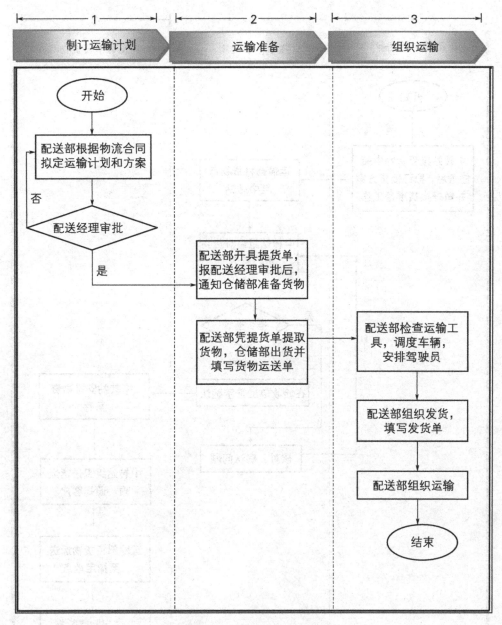

图 5-4 货物发运工作流程

5.1.8 流程 2：货物中转工作流程

货物在运输过程中有时免不了要进行中转，其工作流程分为三个步骤，如图 5-5 所示。

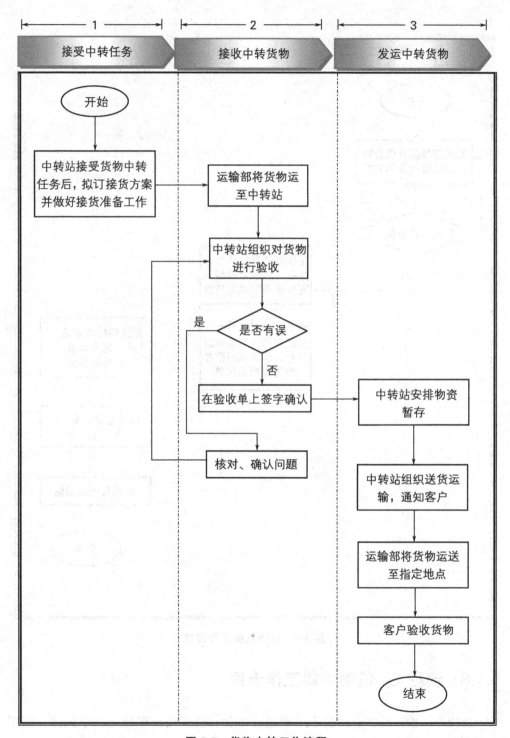

图 5-5 货物中转工作流程

5.1.9　制度：运输车辆管理制度

下面是某公司的运输车辆管理制度。

运输车辆管理制度

第一章　总则

第一条　为了根据物流运输自身的客观要求，加强合理运输的组织工作，提高运输能力和效率，使运输在科学的运输规划指导下进行，为节省公司物流成本，提高公司的经济效益，特制定本制度。

第二条　本制度管辖范围。
1. 运输部所有工作人员。
2. 所有有关运输规划的工作事项。

第三条　货物运输规划需要遵循以下三个基本原则。
1. 合理运输。
2. 先急后缓。
3. 均衡运输。

第二章　确定货运计划指标

第四条　运输主管应当根据货运任务及时制订货运计划，因货运计划编制不当或者物资供应不及时，而影响生产计划任务的情况，运输主管应对其负责。

第五条　运输主管应当根据物资的生产、分配、调拨、库存的情况决定货运计划，货运计划的指标主要有货运量、货物周转量。

第六条　需在以下三种方法中作出合理选择来确定货运量。

1. 系数法，应在分析计划期影响运输系数的各种因素的作用效果的基础上估算运输系数，然后测算计划期货运量。

计算公式为：计划期货运量＝计划期生产量×运输系数

2. 平衡法，通过编制主要物资的运输平衡表来确定货运量。首先将物资按照性质分为几大类，然后分别编制平衡表。表式如下所示。

运输平衡表

货物类别：　　　　　　　　　　　　　　　　　　　　　　　　　　　计量单位：

项目		报告期	计划期	计划期占报告期的百分比/%
1. 资源量	(1)生产量			
	(2)期初库存			
	(3)进口			
	(4)其他			

续表

项目		报告期	计划期	计划期占报告期的百分比/%
2. 非运输量	(1)企业自用 (2)生产地需要 (3)期末库存			
3. 运输量				

3. 比重法，需要根据某类物资在货运量中所占的比重和其变化趋势，估算计划期货运量。主要用于估算运量小、变化不大，但是有关经济情况和数量难以查清的小宗货物。

第三章 选择运输方式

第七条 运输主管应当根据铁路运输、公路运输、水路运输、航空运输等各种运输方式的优缺点、适用范围，结合具体的货运项目，选择合适的运输方式。选择时，可根据不同评价指标对每种运输方式进行打分，填入"运输方式选择定性分析表"，然后选择出分值最高的运输方式。

第八条 当单一运输不能满足运输需求，或者单一运输方式成本过高时，运输主管应当采用多式联运的方式完成运输。

第九条 运输主管作出的所有运输方式决策，应上报给运输部经理，经批准后方可执行。

第四章 编制运输计划

第十条 运输主管应对货运任务作出分析，在选择好运输方式之后，应和汽车司机、调度员一起，进行运输路线选择。

第十一条 运输主管和调度员应当熟知运输网络节点路程的远近、不同运输工具成本的高低、不同时间段道路的容载情况、不同道路的时速限制、车辆的正常行驶速度等，然后根据成本较低和速度较快的原则进行分析之后确定方案。

第十二条 从一个发货点运输到不同收货点的时候，运输主管应根据实际问题建立模型，运用最短路径法选择最短的路线。

第十三条 运输主管应根据运输任务确定运输工具的需要量，各种运输工具需要量的计算方法如下图所示。

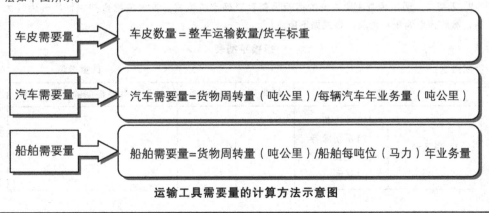

运输工具需要量的计算方法示意图

续表

第十四条 如果使用铁路、水路、航空运输，或者公司公路运力不足，运输主管应当选择合适的运输企业托运货物，选择承运商的标准和方法请参考本公司制定的《运输外包管理制度》。

第十五条 选择好运输公司后，填制"运输企业评价表"，交由运输部经理审核批准。

第十六条 对于由公司自己出车进行公路运输的情况，调度员需综合分析下列5个方面的因素，并合理地安排车辆。

1. 了解不同品牌的车辆质量、性能和长处，选择合适的来作业。
2. 选择合适吨位的车辆，严格禁止超载情况。
3. 参考物资的尺寸和吨位，选择合适容积的车辆。
4. 根据物资的包装和性质等，选择不同货厢形式的车。
5. 合理选择车况。
(1) 长途运输选择车况好的车。
(2) 复杂道路选择车况好的车。
(3) 重要货物选择车况好的车。
(4) 根据货运当天车辆归队情况、道路情况、司机情况等选择合适车况的车。

第十七条 调度员应根据车辆、货运任务的情况合理安排司机。安排的同时还需考虑以下6个方面。

1. 驾驶经验和技术水平。

驾驶经验丰富、技术好的司机应安排执行难度大的运输任务。

2. 维修技术水平。

维修技术水平高的司机安排在车况较差的长途运输车辆。

3. 工作态度。

复杂任务和与客户接触较多的任务需安排态度好的司机完成。

4. 业务水平。

涉及转关运输和保税物流、业务单证多、环节多的情况，需要安排业务、文化、技能较高的司机。

5. 其他情况。

调度员需清楚地了解货运司机的身体状况动态和家庭情况，合理安排出车任务。

第十八条 调度员应根据物资需求时间、车辆运输时间、路况等因素来合理地安排出车时间。

第五章 优化运输方案

第十九条 运输主管安排长途运输时需采用装载量大的运输工具。安排铁路和水路运输的时候要根据预算情况，适当采用集装箱和标准化包装，提高装卸效率。

第二十条 在公路运输中要进行零星货物合装整车发运，以提高装载量和整车比重。

第二十一条 运输部工作人员应在适当时候采用减少动力投入、增加运输能力的措施和方法，力保本公司的物流运输走高效益之路。这些措施和方法具体包括以下3个方面。

1. 满载超轴，在火车能力允许的情况下，多加车皮。
2. 选择油耗小的车辆，尽量减少原料和油耗，节省动力成本。
3. 增加汽车挂车，确保在充分利用动力能力、汽车运力允许的基础上，增加运输能力。

续表

第二十二条 在本公司运力资源不足的情况下，运输部经理应当批准运用社会运输体系。采用业务外包或与其他企业合作的形式，充分利用社会运输系统。

第二十三条 在公路运输经济里程范围内尽量采用公路运输，使中短距离运输中铁路、公路分流。

第二十四条 运输主管在进行运输规划的过程中应当避免采用中转过载换载，从而提高运输速度，节省装卸费用。

第二十五条 运输主管和调度员在制订运输计划时，应保证运输合理化，避免运输不合理的现象。

第六章 附则

第二十六条 本制度由运输部制定，总经办审批生效，运输部、总经办对本制度有解释、修订、废除的权利。

第二十七条 本制度未尽事宜，或与相关法律法规相悖的，按相关法律法规来执行。

第二十八条 本制度自　　年　　月　　日起生效并执行。

5.1.10 合同：货物运输合同

下面是某公司的货物运输合同模板。

货物运输合同

订立合同双方：
甲方：   乙方：
托运人：   承运人：
代表人：   代表人：
详细地址：   详细地址：
邮编：   邮编：
电话：   电话：
开户银行：   开户银行：
账号：   账号：

根据《中华人民共和国合同法》和国家有关物流运输规定，托运人（简称甲方）向承运人（简称乙方）计划托运货物，乙方同意承运，特签订本运输合同，双方共同遵守，相互制约。具体条款经双方协商如下：

第一条 货物名称、规格、价款、数量
货物编号：   货物名称：
规格：   单位：
单价：   数量：
金额（元）：

第二条　包装要求

甲方必须按照国家对物流行业的货物包装标准对货物进行包装，没有统一规定包装标准的，应以保证货物运输安全为原则进行包装。甲方未按照包装标准或原则进行包装的，乙方有权拒绝承运，造成的后果由甲方承担。

第三条　货物的起运地和到达地

起运地：

到达地：

第四条　货物承运日期和期限

承运开始日期：　　　　年　　　月　　　日

承运到达日期：　　　　年　　　月　　　日

第五条　运输质量及安全要求

1. 货物运输及装卸过程中，乙方对托运的货物要负保质、安全的责任，保证货物无短缺、无损坏、无人为的变质，如出现上述问题，应承担赔偿义务。在货物到达以后，按规定的期限，负责保管。

2. 在符合法律和合同规定条件下，由于不可抗力、货物本身的自然属性、货物的合理损耗、托运方或收货方本身的过错等原因造成货物灭失、短少、变质、污染、损坏的，承运方不承担违约责任。

第六条　收货人提取货物

收货人在货物运到指定地点后凭有效证件查验、领取货物，并缴清应付费用，若发现货物出现人为破坏，可拒绝缴费，并向甲方或乙方提出赔偿要求。甲乙双方查明事实后，依据合同相关条款承担各自相应的责任。

第七条　运输费用及结算方式

1. 按国家规定物流行业货物运价率　　　，运输费　　元，杂费　　元，共计费用　　元，一次计收。

2. 本合同经双方签字后，甲方应先预付乙方运输费用　　元。在完成承运业务后，甲方支付乙方余下款项。

第八条　双方的权利和义务

1. 甲方的权利和义务

（1）甲方权利：甲方有权要求乙方按照合同规定的时间、地点，把货物安全运输到目的地。货物托运后，在运到目的地前，甲方需要变更收货人、到货地点或取消托运的，甲方有权向乙方提出变更或解除合同，但要向乙方支付相关费用。

（2）甲方义务：按合同规定向乙方支付运杂费用，按照规定标准对货物进行包装，并在规定的时间内交付托运货物。

2. 乙方的权利和义务

（1）乙方权利：向甲方、收货人收取运杂费用，在查不到收货人或收货人无正当理由拒绝提取货物时，乙方在与甲方联系后，在规定期限内负责保管并收取保管费用。在超过规定期限仍无法交付货物，乙方有权按照相关规定予以处理。

续表

> (2) 乙方义务：在合同规定的期限内，将货物安全及时运到目的地，按时向收货人发出货物到达通知。
>
> **第九条　违约责任**
>
> 1. 甲方责任
>
> (1) 未按合同规定的时间和要求提供托运货物，甲方应偿付乙方违约金　元。
>
> (2) 在普通货物中夹带、匿报危险物品，错报笨重货物重量等招致吊具断裂、货物摔损、吊机倾翻、爆炸、腐蚀等事故，甲方应承担赔偿责任。
>
> (3) 由于货物包装缺陷产生破损，致使其他货物或运输工具、机械设备被污染腐蚀、损坏，造成人身伤亡的，甲方应承担赔偿责任。
>
> 2. 乙方责任
>
> (1) 不按合同规定的时间和要求配车（船）发运的，应偿付甲方违约金　元。
>
> (2) 将货物错运到货地点或接货人，应无偿运至合同规定的到货地点或接货人。如果货物逾期到达，应偿付甲方逾期交货的违约金。
>
> (3) 运输过程中货物灭失、短少、变质、污染、损坏，乙方应按货物的实际损失（包括包装费、运杂费）赔偿托运方。
>
> **第十条　其他**
>
> 本合同一式两份，合同双方各执一份，并按照约定执行。
>
> 甲方：　　　　　　　　　　　　　　　乙方：
>
> 代表签字：　　　　　　　　　　　　　代表签字：
>
> 日期：　　年　　月　　日　　　　　　日期：　　年　　月　　日

5.2　配送管理

5.2.1　要点：配送管理的关键

5.2.1.1　配送的功能要素

一般的配送功能要素有备货、储存、配装和配送运输等，通过这一系列活动将货物运至目的地。具体配送功能的要素，如表 5-9 所示。

表 5-9 配送的功能要素表

要素	含义	作用
备货	配送的准备工作或基础工作,包括筹集货源、订货或购货、集货、进货及有关的质量检查、结算、交接等	配送的优势之一,就是可以集中客户的需求进行一定规模的备货。备货是决定配送成败的初期工作,如果备货成本太高,会大大降低配送的效益
储存	配送中的储存有储备及暂存两种形态	配送储存是按一定时期的配送经营要求,形成的对配送的资源保证。这种类型的储存数量较大,储存结构也较完善,视货源及到货情况,可以有计划地确定周转储备、保险储备结构及数量
配装	在单个客户配送数量不能达到车辆的有效载运负荷时,就存在如何集中不同客户的配送货物进行搭配装载以充分利用运能、运力的问题,这时就需要配装	通过配装送货可以大大提高送货水平及降低送货成本,配装是配送系统中有现代特点的功能要素,也是现代配送不同于以往送货的重要区别之处
配送运输	配送运输属于运输中的末端运输、支线运输,和一般运输形态的主要区别在于:配送运输是距离较短、规模较小、额度较高的运输形式,一般使用汽车作为运输工具	配送运输路线选择问题是一般干线运输没有的,一般干线运输中干线是唯一的运输线。而配送运输由于配送客户多,一般城市交通路线又复杂,所以如何组合成最佳路线、如何使配装和路线有效搭配等,既是配送运输的特点,也是难度较大的工作
送达服务	要圆满地实现运到货物的移交,并有效地、方便地处理相关手续并完成结算,还应合理选择卸货地点、卸货方式等	送达服务也是配送作业独具的特殊性。配好的货物运输到目的地还不算配送工作的完结,这是因为送达货和客户接货往往还会出现不协调,使配送前功尽弃,因此需要送达服务

5.2.1.2 物流配送的模式

物流配送的常见模式有如下几种。

(1) 商物一体化配送模式

商物一体化配送模式的具体内容如图 5-6 所示。

(2) 商物相分离配送模式

商物相分离配送模式的具体内容如图 5-7 所示。

(3) 独立配送模式

独立配送模式的具体内容如图 5-8 所示。

(4) 共同配送模式

共同配送模式的具体内容如图 5-9 所示。

解释说明	商物一体化的配送模式，又称配销模式，是指配送的主体既从事商品的进货、储存、分拣、送货等物流活动，又负责商品的采购与销售等商流活动，这种配送主要是围绕着产品销售和提高市场占有率这个根本目的而组织起来的
优点介绍	◎能形成一定的优势(如资源优势)； ◎有利于扩大其业务范围和服务对象； ◎便于配送主体对客户或生产者提供特殊的后勤服务
缺点介绍	◎投入的资金和人力、设备等比较多，而且资金、人力很分散； ◎生产企业采取销售配送模式直接配送自己的产品，受投资因素的制约，在物流方面不一定能取得优势
适用范围	这类配送模式的主体通常是商品销售企业，也有些是生产企业附属的物流机构

图 5-6　商物一体化配送模式

解释说明	商物相分离配送模式又称物流模式，是指配送主体本身并不购销商品，即不直接参与商品交易活动，而是专门为生产企业等客户提供诸如货物保管、分拣、加工、运送等系列化服务。这些配送组织的职能通常是从工厂或转运站接收所有权属于客户的货物，然后代客户储存、保管货物，并按照客户提出的要求分拣、运送货物至指定的接货点。其业务属于"交货代理物流服务业"
优点介绍	◎配送企业的业务活动比较单一，企业占压的资金比较少； ◎配送企业的收益主要来自服务费，其经营风险比较小； ◎容易扩大其服务范围和经营规模
缺点介绍	◎调节能力较差； ◎调度能力较差
适用范围	多存在于在传统储运企业基础上发展起来的物流企业，其业务是在传统仓储与运输业务基础上增强配送服务功能，以更快的速度、更高的服务水平为社会提供全面的物流服务。物流代理企业专门从事产成品的储存保管和代理发运工作，在整个业务过程中，配送机构不直接经销商品，也不具备对商品的所有权

图 5-7　商物相分离配送模式

解释说明	独立配送是指配送企业依靠自己建立起来的组织体系和经营网络独自开展配送活动的运作形式。独立配送模式的运作方法是：各个行为主体通过各种渠道分头与客户建立业务关系，各自单独地组织配送活动。采用独立配送模式的企业，必须根据配送规律和特点分别建立起配套的组织体系和配备专用的设施和设备等
优点介绍	◎配送主体能根据自身条件和能力灵活地选择客户来开展业务活动； ◎便于在配送活动中培育竞争机制
缺点介绍	◎容易形成过度竞争局面； ◎降低流通的社会效益

图 5-8　独立配送模式

(5) 集团配送模式

集团配送并不是指某个企业集团内部的供应站或供应公司给所属的各个需求单位运送货物的送货形式，而是专指以一定方式聚合专业流通企业，组成相对独立的流通企业集团，集中对大中型生产企业实行定点、定时、定量供货的配送模式，以及以商贸集团及其所属货物加工中心为媒介，在生产企业集团相互之间供、送货的运作模式。在集团配送模式下，有关企业或企业集团分别承担着供货、储存、加工和运送等任务。

集团配送是一种典型的规模经营活动，其服务对象是大中型生产企业，在集团配送模式下，物流企业通常采用定时、定量和即时配送等方式来满足客户的生产需要和市场需要。因此，采用集团配送模式进行操作，不但要有良好的外部环境条件，还必须建立起高效率的指挥系统和信息系统。

5.2.2　工具1：配送计划表

配送计划表较为简略，要填写货物名称、品种、规格、数量、送达地等，如表 5-10 所示。

解释说明	共同配送是由多个企业联合组织实施的配送活动,其目的是为了提高配送效率。其运作模式是:在核心企业(或调控中心)的统筹安排和统一调度下,各个配送企业分工协作,联合行动,共同对某一地区或某些客户进行配送,各个配送企业可建造共同仓库,也可以共同利用企业已建成的配送中心及其他企业的配送设施和设备
三种形式	◎由一个配送企业对多家客户进行配送,即由一个配送企业综合某一地区内多个客户的要求,统筹安排配送时间、次数、路线和货物数量,进行全面配送; ◎在送货环节上将多家客户待运送的货物混载于同一辆车上,然后按照客户的要求分别将货物运送到各个接货点,或者运送到多家客户联合设立的配送货物接收点上; ◎若干个配送企业开展协作、联合进行配送的形式
优点介绍	◎提高配送效率; ◎实现配送合理化; ◎更具有凝聚力和竞争力
缺点介绍	◎共同配送的涉及面较大,单位较多,组织工作难度较大; ◎须建立庞大的信息网络,更需要建立起层次性的管理系统
适用范围	共同配送实施的主体既可以是作为物流需求方的制造商、批发商和零售商,也可以是作为物流服务供应方的运输企业和仓库企业

图 5-9 共同配送模式

表 5-10 配送计划表

编号:　　　　　　　　　　　　　　　　　　　　　日期:　　年　　月　　日

货物名称	品种	规格	数量	送达地	运输要求	装卸要求	送货时间	备注

5.2.3　工具2:配送订货单

配送订货单较为详尽,如表 5-11 所示。

表 5-11 配送订货单

订货单编号：　　　　　　　　　　　　　　订货日期：　　年　　月　　日

供货人名称		接货人名称		交货日期	
供货人地址		接货人地址		交货地点	
供货人联系方式		接货人联系方式		付款条件	
配送货物信息					
货物名称	货物规格	货物单位		货物数量	备注

填写人员：　　　　　　　　　　　　　　审核人员：

5.2.4　工具 3：配送货物调运单

配送货物调运单要写明之前的退货号和新的拨运数量等，如表 5-12 所示。

表 5-12　配送货物调运单

填表人：　　　　　　　　　　　　　　　　填写日期：　　年　　月　　日

拨货单位		地址		电话	
收货单位		地址		电话	
拨货通知单		号码		日期	
核定退货文号		号码		日期	
运输工具		承运人		运出日期	
车号		押运人		到达日期	

货物编号	货物名称	规格	单位	应拨数量	实拨数量	实收数量	单价	总价	包装	备注

发货人		发货主管复核	
收货人		收货主管复核	

5.2.5 工具4：配送成品拣货单

有的配送中心在配送成品时要填写拣货单，如表5-13所示。

表5-13 配送成品拣货单

拣货单编号：									订单编号：		
用户名称			地址						电话		
出货日期						出货货位号					
拣货日期			年　月　日至　年　月　日						拣货人		
核查时间			年　月　日至　年　月　日						核查人		
序号	储位号码	商品名称	规格型号	商品编码			包装单位			数量	备注
							箱	整托盘	单件		
备注											
			托运人(签章)					承运人(签章)			
			日期：　年　月　日					日期：　年　月　日			

5.2.6 工具5：配送效率调查表

配送效率在物流实践中十分重要，管理人员要定期调查配送效率，配送效率调查表如表5-14所示。

表5-14 配送效率调查表

填表人：								填表日期：　年　月　日	
调查项目	进货	验货	保管	分拣	加工	分类	集货	装车	
作业数量									
作业人员									
作业时间									
作业场所									
设备数量									

5.2.7 流程 1：备货作业工作流程

备货作业工作流程分为制订进货计划、验收货物、货物入库处理三个步骤，如图 5-10 所示。

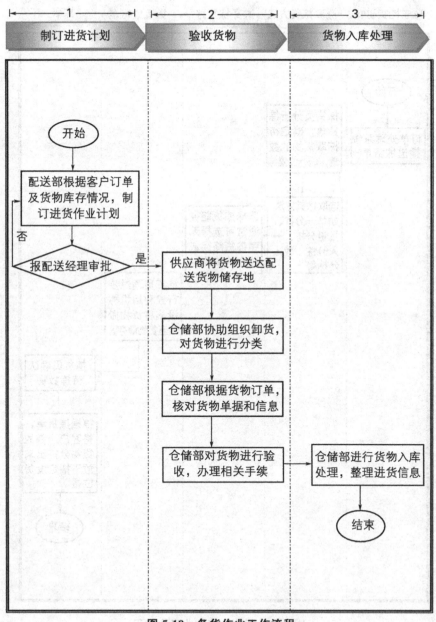

图 5-10 备货作业工作流程

5.2.8　流程2：货物分拣作业工作流程

货物分拣作业工作流程分为五个步骤，如图5-11所示。

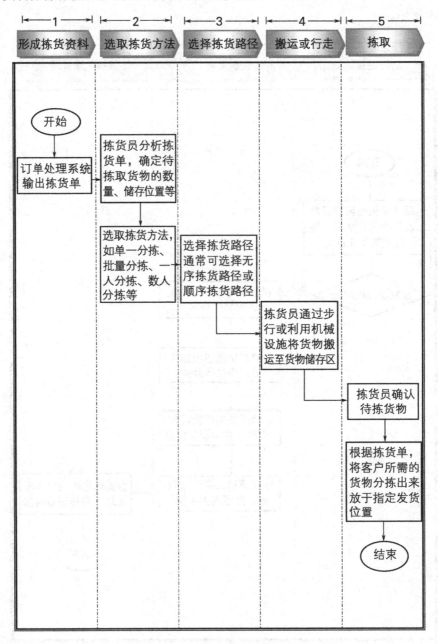

图5-11　货物分拣作业工作流程

5.2.9 流程3：配送作业工作流程

配送作业工作流程分为制订配送计划、准备配送、组织配送、完成配送四个步骤，如图5-12所示。

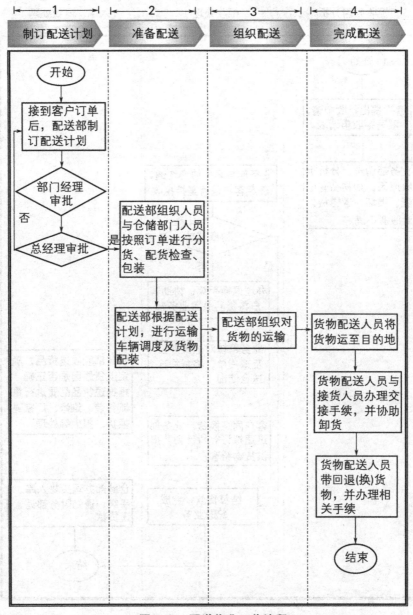

图5-12 配送作业工作流程

5.2.10 流程4：客户拒收工作流程

一旦客户拒收，就要进入客户拒收工作流程中，具体步骤如图5-13所示。

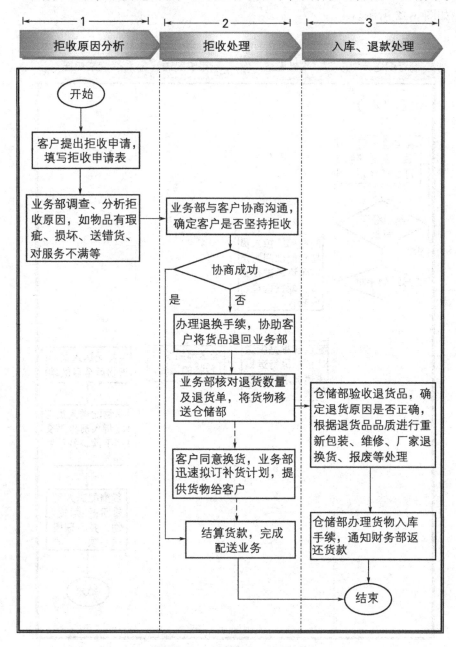

图5-13 客户拒收工作流程

5.2.11 制度1：配送中心管理制度

下面是某公司的配送中心管理制度。

配送中心管理制度

第一章 总则

第一条 为了规范配送中心的管理，降低物流成本，提高服务质量，特制定本制度。

第二条 本制度适用于配送中心所有员工。

第二章 工作人员守则

第三条 配送中心所有员工必须严格遵守公司各项规章制度和作业操作规程。

第四条 配送中心工作人员在作业时不得故意拖延怠慢，不得因个人因素延误工作任务的完成，不得在作业时干与工作无关的事情。

第五条 配送中心工作人员在作业过程中不得中途任意离开作业场地，如需离开应向主管人员请准后方可离开。

第六条 配送中心工作人员应随时注意保持作业地点及公司其他场所的环境卫生。

第七条 配送中心工作人员应公私分明，不得将配送中心货物私自携出。

第三章 进物采购

第八条 配送中心所有货物的采购原则上由采购专员负责进行，出现紧急缺货的，可由相关人员采购。

第九条 库管员定期核实仓库存货，及时检查各类货物的供求状况，以保证货物的充足与及时供应。

第十条 仓库出现缺货、断货情况确需补货的，库管员提出采购申请，填写货物需求单，上报配送中心负责人批准。

第十一条 采购专员根据核准的采购货物需求单，按照货物的名称、规格、型号、数量等适时采购。

第十二条 大宗用品或长期需要的货物，配送中心会向有关工厂、公司、供应商签订长期供货协议，以满足供货要求。

第四章 货物管理

第十三条 仓库所有货物需按类别分账管理，认真填写账上项目。

第十四条 库存货物按类别分区码放，标示货区，便于货物查找，提高工作效率。

第十五条 所有商品入库时均要求检验机身、核对配件、登记机号，出库时对赠品需随机发放。

第十六条 库存货物分类由专人负责，责任落实到人。

第十七条 库房保持整洁卫生，做到地面无杂物、库区无垃圾。

第十八条 不断完善防火、防盗、防潮工作，库区严禁烟火，保证货物安全。

续表

第五章　车辆管理

第十九条　驾驶员执行配送任务前要对作业车辆进行安全检查，发现问题及时汇报并修理。

第二十条　配送中心预先确定配送路线，保证路线的最优选择，以使货物在最短的时间内送至客户。

第二十一条　驾驶员必须对车辆进行定期保养维护，保养费用按照配送中心车辆预算执行。

第二十二条　车辆的维修和费用报销必须经配送中心负责人签字确认。

第六章　附则

第二十三条　本制度由配送中心和仓储部、运输部共同制定并负责解释。

第二十四条　本制度自颁布之日起实施。

5.2.12　制度2：配送人员管理制度

下面是某物流公司制定的配送人员管理制度。

配送人员管理制度

第一章　总则

第一条　目的。

为了树立配送人员的工作形象，促进配送人员工作的规范化、标准化、高效化，使配送人员管理更加有章可循，特制定本制度。

第二条　适用范围。

本制度适用于公司所有配送人员的管理工作。

第三条　检查人员。

配送主管应根据本制度的要求负责公司配送人员的监督管理和考核工作。

第二章　劳动纪律管理

第四条　考勤规定。

1. 公司正式上班时间为上午　：　～　：　；下午　：　～　：　；共　个小时。

2. 配送人员应在正式上班前和下班后，通过考勤机完成打卡考勤，每日打卡　次；未打卡则视为迟到或早退。

第五条　迟到规定。

1. 配送人员应在　：　前打卡；超过　：30分钟内打卡考勤视为迟到；30分钟后考勤机不接受打卡，视为旷工。

2. 配送人员当月每迟到一次扣罚　元；迟到每超过　次，视为1次旷工，加扣　元。

续表

第六条　早退规定。

1. 配送人员应在下班后1小时内打卡考勤，下班前打卡的视为早退，没有打卡的上班员工视为漏打。
2. 配送人员当月每早退一次扣罚　　元，每漏打一次扣罚　　元。

第七条　旷工规定。

1. 配送人员无故不来上班的，视为旷工。
2. 配送人员当月每旷工一次，扣罚　　元；旷工超过　　次的，根据公司相关规定处理。

第八条　工服管理。

1. 配送人员应严格按照公司规定，在上班时间穿戴工服。
2. 未按公司要求穿戴工服或穿戴工服不整齐的，每发现一次扣罚　　元。

第九条　执行力管理。

1. 工作期间，配送人员应服从上级领导管理和调度。
2. 每发现一次不服从管理、顶撞上级的，扣罚　　元；当月超过　　次，按照公司相关规定进行处理。

第三章　操作规范管理

第十条　岗位责任制。

配送人员应根据公司规定签订岗位责任协议，明确所任职位的工作要求和工作责任。因个人原因造成公司损失的，视情节严重程度进行处罚。

第十一条　操作规范管理。

配送人员应认真学习并掌握所在岗位的工作流程和操作规范，并严格按照操作规范要求进行作业。每发现一次违规操作，扣罚违规人员　　元。

第十二条　工作差错处罚标准。

配送主管应严格对配送人员的工作质量进行检查，并以下表所示标准进行处罚。

配送人员工作差错处罚标准

序号	工作差错	罚款标准
1	货物分拣错误，有其他货物被放置发货区	元/次
2	货物配货时，发现货物数量错误	元/次
3	货物拼装或改装时，没有填写相应的装箱单	元/次
4	货物包装时，包装箱没有填写客户信息，或信息填写错误	元/次
5	货物在配送过程中发生损坏	元/次
6	货物交付时，服务态度恶劣，造成客户退货	元/次

第四章　附则

第十三条　本制度由配送部负责制定、修改和解释。

第十四条　本制度经有关领导审批通过后，自发布之日起开始执行。

5.2.13　准则 1：配送技术控制准则

下面是某公司的配送技术控制准则。

配送技术控制准则

第一条　目的

为了规范配送技术，提高配送服务质量，降低物流成本，节约时间，特制定本准则。

第二条　适用范围

本准则适用于配送中心所有员工。

第三条　卸载技术控制

由公司以外的卡车送货到配送中心的，卸载作业由送货司机负责完成，本公司职员负责集装箱掏箱，及铁路送货车、本公司卡车带回的回程商品的卸载。

第四条　收货技术控制

此项作业的目的在于确保所送货物的数量、质量、时间等与本公司订单相吻合。

1. 100％接收。送货商过去的送货表现一贯良好，且完全符合公司要求的，可免于检验，但配送中心仍需要对其进行定期或不定期抽检，以促使送货商保质、保量、保时供货。

2. 随机抽样验收。一般抽样率为 7％～10％，如果所抽样品都符合要求，则整批送货均通过验收。

3. 100％检验。送货商有过配送劣质商品记录或出现数量短少现象时，配送中心应采取单品逐件点数检验的方式进行验收。

4. 手工清点。即利用工人单品逐件清点计数。

5. 机械清点。用秤等器具对单件商品、箱装或托盘商品乃至整卡车商品的重量进行称重，以确定单品数量。

6. 自动清点。送来的所有单品有标示规格的，包装箱外面贴有该单品标签，且每一包装内商品数量及重量等是预先确定好的，可进行自动清点。

第五条　订单拣货技术控制

1. 配送中心收集下游客户订单，对订单按客户或商品分类。

2. 配送中心确立拣货方法，规划拣货路径。

3. 配送中心发出拣货指令，执行拣货。

4. 配送中心更新库存记录表单。

第六条　附则

1. 本准则由配送中心负责制定、修订和解释。

2. 本准则自公布之日起施行。

5.2.14　准则 2：配送订单填写准则

下面是某公司的配送中心货物运单填写准则。

配送中心货物运单填写准则

第一章　总则

第一条　为了规范货物运单填写，保证货物配送质量，提高货物配送效率，提高客户满意度，特制定本准则。

第二条　本准则适用于配送作业过程中的涉及填写货物运单业务的工作人员。

第二章　相关准则

第三条　一张运单托运的货物必须属同一托运人，对于拼装分卸的货物，应在运单记事栏内注明货物的每一拼装或分卸情况。

第四条　易腐、易碎货物，易溢漏液体，危险货物和普通货物，不得用一张运单托运；性质相抵触、运输条件不同的货物，不得用一张运单托运。

第五条　一张运单托运的货物，凡不具备同品名、同规格、同包装的货物，以及搬家货物，应提交货物清单。

第六条　托运集装箱的，应注明集装箱号和铅封印文号码；接运港、站的集装箱要注明船名、航次或车站货、箱位，并提交装箱清单。

第七条　集装箱运输贵重、易碎、怕湿等货物，每张运单至少 1 箱。

第八条　轻泡货物及按体积折算重量的货物，要准确填写货物的数量、体积、折算标准、折算重量及其有关数据。

第三章　托运人相关规定

第九条　托运人要求自理装、卸车的，经承运人确认后，在运单内注明。

第十条　托运人委托承运人代递有关证明文件、化验报告或单据等，须在托运人记事栏内注明名称和份数。

第十一条　托运人托运有特殊要求的货物，应在运单托运人记事栏内注明商定的运输条件和特约事项。

第十二条　托运人必须准确填写运单的各项内容，字迹清晰，对所填写的内容及所提及的有关证明文件的真实性负责，并须签字盖章；托运人或承运人改动运单的，须签字盖章证明。

第四章　附则

第十三条　本准则由配送中心负责起草和制定。

第十四条　本准则自发布之日起施行。

第6章

物流信息系统管理

6.1 物流信息系统的构造与业务关键点

6.1.1 构造：物流信息系统构造

物流信息就是指物流活动的内容、形式、过程及发展变化的反映，它表示了品种、数量、时间、空间等各种需求信息在同一个物流系统的不同物流环节中所处的具体位置。

物流信息系统则将硬件和软件结合在一起，对物流活动进行管理、控制和衡量。

物流信息系统由管理子系统、作业子系统和财务结算子系统构成，具体构成如图6-1所示。

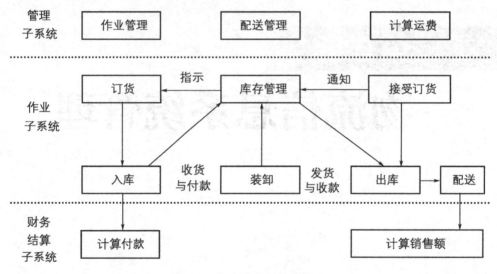

图6-1 物流信息系统构造图

6.1.2 关键：物流信息系统的业务关键点

6.1.2.1 订单处理

① 物流信息专员从网上站点自动接收客户订单，利用物流信息系统把这些重要信息储存起来，通过数据处理、存储和分析的程序对这些数据进行

分析。

② 网络系统接受订单后,直接在站点将信息传送至后台数据库,保证此网上订单的有效性与合法性。

③ 将网上订单信息与系统中存储的提运货、库存控制、结算销售等信息进行综合分析,确认此订单信息的可执行性。

6.1.2.2 货物出入库

① 需要放置仓库储存的货物经检验后,与订单信息相对照,确定入库、仓储总计,记入入库管理信息系统。

② 仓储信息管理对货物的数量、位置、出入库、盘点等进行管理,确保实际仓储数据与系统中的数据保持一致。

③ 出货时,出库信息系统发出出货指示,执行仓储挑选,制作交货单据。

6.1.2.3 运输作业

① 运输系统接收到出货信息系统发出的出库配送通知。

② 运输系统将配送的商品按照配送方向分类,根据商品的重量、容积制订配车计划、装载计划及配送线路设计。

③ 公司根据配送计划进行运输作业,但是由于企业的自有运能有限,某些运输形式具有封闭性,因此,在实际作业当中,需要采购运力,与其他企业协调合作,开展联合运输。

6.1.2.4 财务结算

① 客户收到货物后,通过网上支付系统,支付生成的物流费用。

② 财务部审核支付转账,并予以确认。

6.2 物流信息系统管理细节

6.2.1 工具 1:物流信息自检表

物流信息自检表从订货信息、库存信息、采购指示信息、发货信息、物流管理信息五个方面进行自检,如表 6-1 所示。

表 6-1 物流信息自检表

编号：　　　　制表人：　　　　　　　　　　制表日期：　　　年　　月　　日

物流信息	检查标准	是	否	改进措施
订货信息	信息充足			
	信息准确			
	信息交流通畅			
库存信息	信息充足			
	信息准确			
	信息交流通畅			
采购指示信息	信息充足			
	信息准确			
	信息交流通畅			
发货信息	信息充足			
	信息准确			
	信息交流通畅			
物流管理信息	信息充足			
	信息准确			
	信息交流通畅			

6.2.2　工具 2：物流信息系统故障记录表

物流信息系统故障记录表要对每一次故障的发生时间、工作环境、处理措施、处理结果等进行详细记载，如表 6-2 所示。

表 6-2 物流信息系统故障记录表

编号：　　　　制表人：　　　　　　　　　　制表日期：　　　年　　月　　日

发生时间	处理时间
故障发生时的工作环境	
处理措施	
处理结果	
善后措施	
原因分析	
处理人员	

6.2.3 工具3：物流信息系统故障报告表

物流信息系统故障报告表要对每一次故障的出现情况和维护内容进行填写，如表6-3所示。

表6-3 物流信息系统故障报告表

编号：　　　　制表人：　　　　　　　　　　　制表日期：　　年　　月　　日

需求部门		责任人		员工编号	
设备名称		设备编号		维护时间	
出现情况					
维护内容					
备注					
部门主管			执行人		

6.2.4 工具4：物流信息系统运用效果分析表

物流信息系统运用效果分析表从 10 个方面对物流信息系统的运用效果进行分析评价，然后进一步总结优点、不足和提出改进计划，较为全面，如表 6-4 所示。

表 6-4 物流信息系统运用效果分析表

编号： 　　　　制表人： 　　　　制表日期： 　年　月　日

分析内容	本企业状况	
	是	否
1. 库存量是否适当		
2. 是否充分利用了需求库存信息，使生产、物流、销售形成一系列连贯活动，从而提高效率		
3. 是否缩短了从订货到发货的时间		
4. 是否提高了运输效率		
5. 是否提高了装卸作业的效率		
6. 是否达到了省力的效果(特别是在订货和发货过程中)		
7. 是否提高了工作的精确性		
8. 是否提高了作业的准确性		
9. 是否有力地支援了销售活动，解答各种信息咨询		
10. 是否降低了物流的总成本		
本企业物流信息系统的优点		
本企业物流信息的不足		
改进计划		

6.2.5 流程1：物流信息系统规划工作流程

物流信息系统规划工作流程分为三大步骤，如图 6-2 所示。

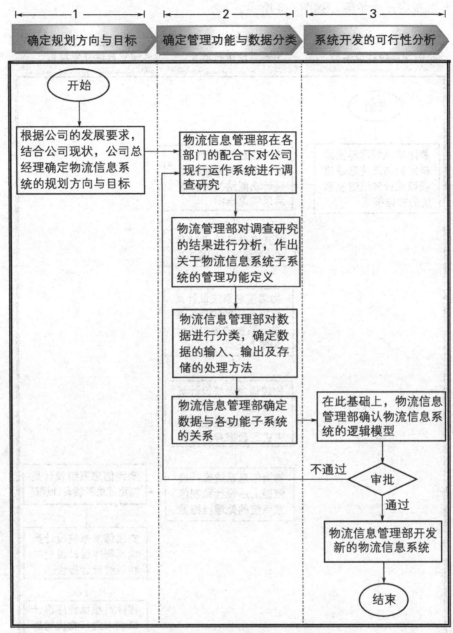

图 6-2 物流信息系统规划工作流程

6.2.6 流程 2：物流信息系统开发工作流程

物流信息系统开发工作流程分为确定系统物理模型、设计系统运行要素、编写

第 6 章 物流信息系统管理

系统开发报告三个步骤,如图 6-3 所示。

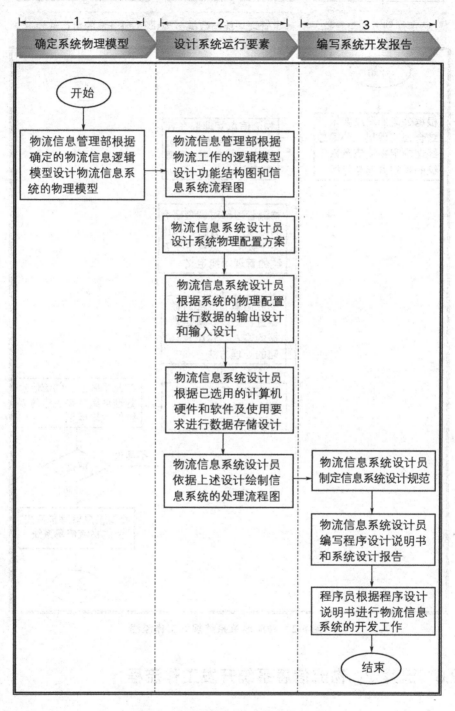

图 6-3　物流信息系统开发工作流程

6.2.7 流程3：物流信息系统运行管理工作流程

物流信息系统运行管理工作流程分为三个环环相扣的步骤，如图6-4所示。

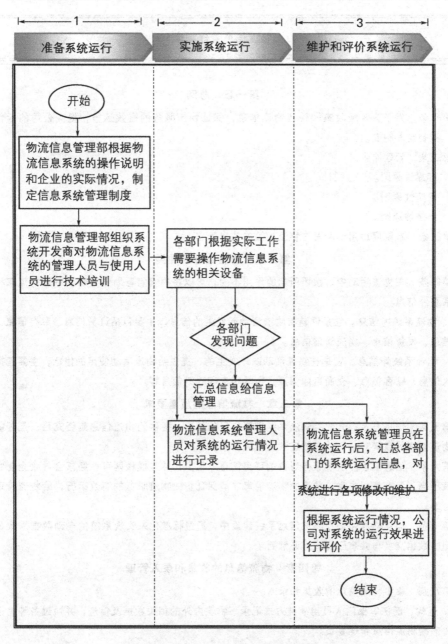

图 6-4 物流信息系统运行管理工作流程

6.2.8 制度1：物流信息管理制度

下面是某公司的物流信息管理制度。

物流信息管理制度

第一章 总则

第一条 为了有效地收集和使用物流信息，保证物流服务的有效运行，提高公司的运作效率，特制定本制度。

第二条 管理原则。

1. 可靠性原则。
2. 完整性原则。
3. 经济性原则。

第三条 本制度适用于所有与物流相关的信息管理。

第二章 物流信息的种类

第四条 在物流活动中，按照所起的作用不同，可以将物流信息划分为物流系统内信息和物流系统外信息。

1. 物流系统内信息。它是伴随着物流活动而发生的信息，主要包括订货信息、库存信息、采购信息、发货信息、物流管理信息。
2. 物流系统外信息。它是在物流活动以外发生的，提供给物流活动使用的信息，主要包括供货人信息、顾客信息、交通运输信息、市场信息和政策信息等。

第三章 物流信息的质量要求

第五条 信息充足。有效的物流系统需要充足的信息，提供的物流信息是否充足、是否能满足物流管理的需要对公司的有效运营有很大影响。

第六条 信息准确。由于服务对象的可用信息非常少，并且模棱两可，经常会导致企业物流决策不当。只有掌握丰富、准确的物流信息才能保证企业物流服务的有效运行，给物流管理提供帮助。

第七条 信息标准化。在物流信息系统建设中，通过标准化来实现系统的自动数据采集和系统间的数据交换与共享已经成为必然要求。

第四章 物流信息的收集和录入管理

第八条 集中物流信息的收集和录入。

1. 运输、配送等部门人员用某种方式记录下物流内外的相关数据及信息，并通过各种途径及时传递给物流信息管理专员。

续表

2. 信息管理专员对集中的信息进行整理，并将其转化为物流信息系统能够接受和识别的形式输入到系统中。

第九条 零散物流信息的录入。

物流运转过程中发生的信息，通过仓储、配送等部门人员对条形码、GPS（全球定位系统）等技术工具的使用，一部分物流信息自动进入物流信息管理系统。

第五章 物流信息识别管理

第十条 货物识别管理。

1. 公司所有承运货物在正式启运前由配送部门负责粘贴条形码，以作为其在整个物流运转体系中的身份标识。

2. 条形码由物流信息管理部统一制作完成，并确定编号。

第十一条 车辆全球定位管理。

1. 本公司负责配送车辆一律安装 GPS，以保证随时可以确定车辆及货物的准确位置。

2. GPS 数据由物流信息管理部统一负责。

第十二条 员工识别管理。

1. 员工指纹及编号是员工进入物流信息系统的主要依据。

2. 各部门员工到物流信息管理部进行指纹及编号备案后，方可获得进入系统的资格。

第十三条 数据识别管理。

各部门产生的数据、表格及相关文件必须符合物流信息管理系统的要求，保证信息的标准化。

第六章 物流信息的存储管理

第十四条 物流信息实行存储电子化，由物流信息管理系统进行存储。

第十五条 物流信息录入物流信息系统后，经过自动加工、整理，成为支持物流系统运行的各种物流数据信息，物流信息管理专员每天对其进行维修检查。

第七章 物流信息的输出管理

第十六条 各级、各部门的物流工作人员可以通过物流信息管理系统了解各自所需要的信息，达到物流信息共享的目的。

第八章 附则

第十七条 本制度由物流信息管理部负责解释和修改。

第十八条 本制度自颁布之日起实施执行。

6.2.9 制度 2：物流信息系统管理制度

下面是某公司的物流信息系统管理制度。

物流信息管理制度

第一章 总则

第一条 为了保证物流信息系统的正常运行,确保数据的完整、准确、更新和一致,提高物流管理的运转效率,特制定本制度。

第二条 本制度适用于物流信息系统的运行和管理。

第三条 系统运行的原则。

1. 可靠性原则。
2. 精确性原则。
3. 及时性原则。
4. 灵活性原则。
5. 适当形式化原则。

第二章 物流信息系统的要素

第四条 物流信息系统主要由以下五个因素构成。

1. 模块。用来处理数据和信息的实际程序。
2. 数据文件。用来存储具体任务数据的信息结构。
3. 管理和数据登录活动。物流信息系统必须从外部环境(如决策者或另一厂家)得到输入的界面。
4. 报告。提供了有关物流活动的信息和履行链接。
5. 通信链接。物流信息系统组件与外部环境之间的内部和外部界面。

第三章 物流信息系统的运行程序

第五条 数据收集和录用。

1. 相关工作人员收集有关的货源信息、市场信息、运输信息及企业内部信息等,用表格记录下此物流过程内外的有关数据,交由物流信息管理专员进行校对和录入,成为支持物流信息系统运行的物流信息。

2. 各部门工作人员通过自动识别和采集技术,对物流活动的信息进行实时准确收集和存储。

第六条 数据处理。

由经过培训的工作人员按照一定的操作步骤,根据企业运营需要,定期或不定期地运行相应模块,进行数据的简单查询、排序,或通过复杂的程序和模型进行求解和预测。

第七条 数据输出。

各级、各部门的物流工作人员通过物流信息管理系统克服空间障碍进行信息传递,了解所需要的信息并进行相应的处理后,以简洁易懂、直观醒目的形式输出信息,从而保证工作的有序、高效运行。

续表

第四章 物流信息系统的维护

第八条 物流信息管理部门组织专人负责系统软件的正确性、适应性、完善性和预防性维护。正确性维护一般在系统试运行期间进行，适应性维护一般在物流信息管理部综合分析后进行，完善性维护一般在系统升级后进行，预防性维护一般在每月 5 号进行。

第九条 物流信息管理专员负责对系统硬件设备定期保养性维护和突发性故障的处理。

第十条 物流信息管理专员对系统数据进行维护。

1. 对数据的添加或修改进行维护并通知相关人员。
2. 对数据库的完整性、安全性和并发性进行控制。
3. 负责数据库的日常性管理。

第五章 物流信息系统运行评价

第十一条 物流信息系统评价应定期进行或每当系统有较大改进后进行。

第十二条 物流系统评价工作由企业领导、信息系统管理人员、系统使用人员、客户和专家共同参与。

第十三条 采用鉴定或评审的方式对物流信息系统进行评价。

第十四条 物流信息系统的评价内容。

1. 信息系统的总体水平。
2. 系统功能的层次和范围。
3. 信息资源开发与利用的范围与深度。
4. 系统的质量。
5. 系统的安全与保密性。
6. 系统档案的完备性。

第十五条 物流信息系统的评价结论须以书面的评价报告或评价意见的形式提出，由物流信息管理部收存归档，统一保管。

第六章 附则

第十六条 本制度由物流信息管理部负责解释和执行。

第十七条 本制度自颁布之日起实施执行。

6.2.10 制度 3：物流信息系统安全管理制度

物流信息系统的安全性十分重要。通常，企业要从各个方面着手制定相关的规章制度，以消灭各种潜在的安全隐患。下面是某公司的物流信息系统安全管理制度。

物流信息系统安全管理制度

第一章 总则

第一条 为了保护物流信息系统安全,规范信息系统管理,合理利用系统资源,有效提高物流运营的效率,结合公司实际情况,特制定本规定。

第二条 物流信息系统的构成

1. 硬件系统。主要包括计算机、必要的通信设施和安全设施等,如计算机主机、外存、打印机、服务器、通信电缆和通信设施。
2. 软件系统。主要包括操作系统、通信协议和业务处理系统等。
3. 信息资源。主要包括物流信息、相关数据和知识、模型等。
4. 人员。主要包括专业人员、终端使用人员等。

第二章 硬件系统安全管理

第三条 公司需确立专职工作人员负责物流信息系统所用电脑的硬件维护工作。

第四条 电脑硬件均需贴上封条,任何人不得私自撕毁封条更换电脑硬件。

第五条 终端计算机设备的日常维护由各部门负责。计算机设备发生故障或异常情况时,由公司电脑专员统一进行处理,不得私自拆除维修。

第六条 按照作息时间准时开关机,及时处理和更新有关物流信息,禁止用公司计算机做与工作无关的事情。

第七条 物流信息系统的电脑使用人员应保持计算机环境清洁,下班之前退出所有程序关闭计算机,切断插板电源后方可下班离开。

第八条 为避免和预防造成硬盘故障及其他应用软件故障,各电脑负责人必须至少每15天对硬盘进行一次查错,至少30天对硬盘进行一次重组。

第三章 软件系统安全管理

第九条 整个物流信息系统的网络安全统一由物流信息管理部负责,其管理人员每周对系统网络进行一次检测,发现网络安全隐患及时清除。

第十条 各部门在运行网络过程中发现故障时,统一上报物流信息管理部处理,任何人不得私自采取措施。

第十一条 物流信息系统的使用人员每天对杀毒软件进行升级,发生病毒感染及时切断网络,通知物流信息管理部后,由公司电脑专修员进行处理。

第十二条 物流信息系统的使用人员操作终端计算机时不得使用一些危险性的命令,严禁进行分区及格式化硬盘等操作。

第十三条 物流信息系统终端计算机操作人员不得随意在各终端及局域网上安装任何与工作无关的软件程序。

第四章 信息资源安全管理

第十四条 物流信息管理专员每天对信息系统的数据进行检测与更新,保证整个信息系统中信息资源的全面性与时效性。

第十五条 物流信息系统使用人员每天使用自己的登录密码进入系统,保证系统登录账号专人专用,任何人严禁泄露登录密码。

续表

第十六条　物流信息管理专员对进入系统的用户进行身份审核,定义操作权限,并负责监督用户的各项操作。

第十七条　建立双备份制度。为防止资料及数据丢失,物流信息除在电脑里存储外,还应复制到优盘或光盘上,以防因病毒破坏或意外而遗失。

第十八条　物流信息系统资料打印。经所在部门主管同意后,由物流信息管理部统一打印。

第五章　附则

第十九条　本制度由物流信息管理部负责解释和执行。

第二十条　本制度自颁布之日起实施执行。

第7章

客户服务管理

7.1 客户关系管理的内容与要求

7.1.1 内容：客户关系管理的内容

客户关系管理是物流业务中的重要部分，其内容如表 7-1 所示。

表 7-1 客户关系管理的内容

内容		说明
客户识别与管理	收集客户信息资料,进行客户档案管理	·完整记录客户的单位信息、联系方式,目前所销售、使用物品的情况,对本公司服务的评价等； ·联系人的姓名、职务、兴趣爱好、关系等级等； ·与关键客户建立紧密关系,根据客户信息制订客户服务方案,满足客户个性化需求,提高客户价值
	进行客户信息分析,做好信息交流与反馈	·管理客户信息分析不仅停留在对客户信息的数据分析上,更重要的是对客户的态度、能力、信用、社会关系的评价； ·需要寻找共同点,但进行差异化分析更重要,因为它能够帮助企业准确地把握合适客户和关键客户； ·实现有效的信息交流是建立和保持企业与客户良好关系的途径； ·客户反馈对于衡量企业承诺目标实现的程度、及时发现在为客户服务过程中的问题等方面具有重要的作用
	严格合同管理	·合同是在客户管理中最有约束力的法律文件,是管理的法律依据。所有有业务往来的客户都要签署合同,同时规定合同的签署流程,确保合同的严肃性、科学性、堵塞漏洞； ·标准的合同除双方基本信息外,还应至少包括以下全部或部分内容：物品的品种、品牌、规格、数量、价格等,质量要求、送货时间、收货地点、运输方式、费用支付等,验收、结账方式,订、退货规定,违约责任及纠纷处理,签约时间、地点、生效期等； ·合同必须由专人分门别类建立档案、集中保管,防止泄露商业秘密,并且能够便于使用
市场行为管理	营销管理	·通过对市场营销活动的有效性进行规划、执行、检测和分析。活动开始前有详细计划,活动过程中有规范操作和控制,活动后有分析和评估,从而使销售和服务有序进行； ·营销信息收集、整理及分享,营销过程中的偶发事件及应急处理,安排重大营销活动,媒体关系及公共关系等是营销管理的主要内容

续表

内容		说明
市场行为管理	响应管理	包括呼入呼出电话处理、互联网回呼、呼叫中心运行管理、客户投诉管理、客户求助管理、客户交流、报表统计分析、管理分析工具、自动资料发送、呼入呼出调度管理等
	电子商务管理	主要功能包括个性化界面引导服务、网站内容管理、网上订单和业务处理、网上销售空间拓展、网络客户自助服务、网站运行情况的分析和报告
	竞争对手管理	通过吸取竞争对手的先进经验和操作方法,结合企业自身实际,创造出适合客户需要的独特性服务方法,提高客户价值;通过掌握竞争对手的发展趋势,使企业在战略决策中有参照,规避市场风险;通过分析直接相关竞争对手的信息,根据企业发展的需要,寻求合作的机会
信息与系统管理	公开信息管理	在客户关系管理中,信息是共享的,但并不意味所有的信息都是公开的,公开信息管理的主要内容包括:电话本、记录电话细节并安排回电、电话营销内容草稿、电话统计和报告、自动拨号等
	平台管理	包括系统维护与升级、信息收集与整理、文档管理、对竞争对手的Web站点进行监测等
	商业智能	包括预定义查询和报告、客户定制查询和报告、系统运行状态显示器、能力预警等
	信息集成管理	信息集成管理的目的就是对零散的信息进行筛选、整理、汇编、编密,然后按照规范程序进行分散和发送,使之与企业其他信息耦合,达到共享
伙伴关系管理		一个企业很难做到单独为客户提供良好的服务,通常的做法是与合作伙伴一起共同为客户服务;伙伴关系管理包括销售商伙伴关系管理、生产制造商伙伴关系管理和业务外包管理;伙伴关系管理是客户关系管理系统的销售、营销、客户服务以及其他企业业务功能向伙伴的延伸,它可以促进更具合作性的渠道伙伴关系

7.1.2 要求:为客户提供一体化的物流服务解决方案

通常,客户对物流服务的内容要求主要体现在质量与安全、时间与效率、监察与控制、节约与增值等方面,如表7-2所示。

表 7-2 客户对物流服务的内容要求

角度	客户要求
从质量与安全看	客户要求物流企业对物流活动的全过程负责,对每一环节都有明确规定,确保不出任何差错
从时效性看	客户要求物流企业提供全天候准时服务,而且服务速度快,信息反馈快
从监察与控制看	客户要求能通过物流信息系统公共服务平台随时跟踪货物的运输过程、运载工具、运输线路、运输方式、在途状况、在库状况以及其他实时信息,以便确保"货物掌握在客户手中"。客户物流外包从根本上是要求物流企业帮助节约物流成本,达到降低经营总成本的目标,从而提高经济效益
从增值性看	客户一方面要求物流企业根据货物流转过程中的需要和情况变化,推出加工、再包装、防热、防冻、防潮、防腐等服务项目;另一方面,要求物流企业通过信息技术的使用,让客户直接上网查询、更新有关数据、办理日常交易,摆脱面对面式服务渠道的限制,使客户可以用最小的成本获得更加便利和灵活的服务

在实践中,客户对物流服务的方式要求主要体现在整体服务上,也就是客户往往需要物流企业提供一体化物流服务解决方案。因此,在物流业务中,工作人员要注意客户的这些"痛点",通过各种精细化服务满足客户的要求。

7.2 客户服务管理细节

7.2.1 工具1:客户满意度调查表

客户满意度调查表在调查客户满意度时十分常见,如表 7-3 所示。

表 7-3 客户满意度调查表

填表人:　　　　　　　　　　　　　　　　　　　填表时间:　　年　　月　　日

客户名称		电话	
通信地址		邮政编码	

满意程度 调查内容	很满意	满意	一般	不满意	很不满意
货物安全性					
运输及时性					
交货状况					
信息传递					
服务态度					
意见和建议					

7.2.2 工具2：客户满意度分析表

客户满意度分析表通过赋权的方式给客户的满意度打分，在实际应用中也较为广泛，如表7-4所示。

表7-4 客户满意度分析表

填表人： 填表时间： 年 月 日

客户名称							
通信地址				邮政编码			
满意程度 调查内容	很满意	满意	一般	不满意	很不满意	权重	分数
货物安全性						25%	
运输及时性						20%	
交货状况						20%	
信息传递						20%	
服务态度						15%	
综合累计得分						100%	
意见和建议							
备注	1. 满意程度得分的等级评价:很满意为90～120分,满意为80～89分,一般为60～79分,不满意为40～59分,很不满意为40分以下 2. 规定综合累计得分在80分以上为满意的一票,客户满意度(%)=满意票数/年度总票数×100%						

7.2.3 工具3：客户投诉记录表

客户投诉记录表主要用来记述客户的投诉事由、要求和受理单位的意见，如表7-5所示。

表 7-5　客户投诉记录表

填表人：　　　　　　　　　　　　　　　　　填表日期：　　年　　月　　日

投诉客户名称		地址	
受理日期		受理编号	
投诉事由			
客户要求			
受理单位意见	受理单位		
	营业单位		
	质量管理单位		

7.2.4　工具 4：客户投诉处理表

客户投诉处理表重在记述客服人员对客户投诉的处理过程，如表 7-6 所示。

表 7-6　客户投诉处理表

填表人：　　　　　　　　　　　　　　　　　填表日期：　　年　　月　　日

投诉客户名称		联系方式	
投诉受理日期		投诉受理地点	
投诉受理人		投诉见证人	
投诉承办人		投诉承办日期	
投诉处理费用		投诉处理期限	
投诉受理方式	□信　　□传真　　□电话　　□采访　　□店内		
投诉原因			
投诉处理过程			
投诉处理结果			
投诉客户反应			
备注			

7.2.5 流程1：客户服务管理工作流程

客户服务管理工作流程分为四大步骤，如图7-1所示。

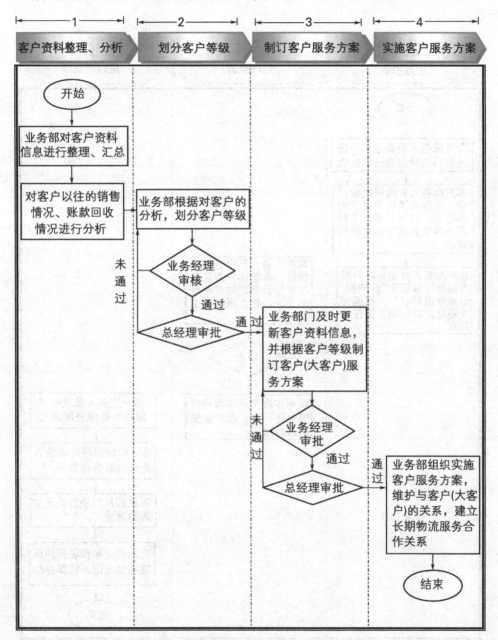

图7-1 客户服务管理工作流程

7.2.6 流程2：客户投诉处理工作流程

客户投诉处理工作流程分为受理投诉、处理投诉和跟踪回访三个步骤，如图7-2所示。

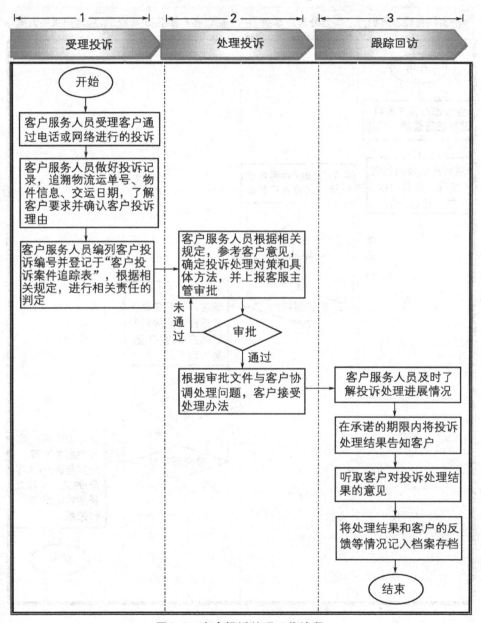

图7-2 客户投诉处理工作流程

7.2.7　制度：客户服务管理制度

客户服务管理是一个综合性的系统，涉及物流企业众多部门和众多员工，因此需要严密的管理制度对其进行规范，下面是某公司的客户服务管理制度。

客户服务管理制度

第一章　总则

第一条　目的。
为强化对客户的服务工作，加强与客户的业务联系，树立良好的企业形象，不断地开拓市场，扩大物流销售成果，特制定本制度。

第二条　管理范围。
企业通过对运输、储存、装卸、搬运、包装、流通加工、配送和信息管理等基本功能的组织与管理来满足客户对物流的需求。

第二章　客户服务原则、性质与优势

第三条　客户服务的原则。
1. 客户服务的总原则是：专人负责，定期巡访。
2. 客户服务人员应将各地区的客户依其性质、规模、销售额和经营发展趋势等，分为 A、B、C、D 四类，实行分级管理。
3. 业务部应指定专人负责巡访客户（原则上不能由本地区的负责销售的人员担任）。

第四条　服务性质。
通过合作为客户提供以合同约束、结盟为基础，系列化、个性化、信息化的物流代理服务，包括信息传输、报表管理、货物集运、选择承运人、海关代理、信息管理、仓储、咨询、运费支付和谈判等。

第五条　物流服务的优势。
1. 加强信息网络化建设。
2. 提供个性化服务。根据客户在业务流程、产品特征、竞争需求等方面的不同要求，提供针对性强的个性化物流服务和增值服务。
3. 整合物流资源，给客户提供全程的综合服务。

第三章　客户服务工作的实施

第六条　计划制订与实施。
业务部经理根据上级确定的基本方针和自己的判断，制订客户服务计划，交由专人负责具体实施。计划内容应包括客户开发、客户关系维护、售后服务等。

第七条　客户服务的实施。
客户服务的实施具体内容如下表所示。

续表

服务阶段	具体内容	实施人员
售前	1. 做好市场调查，收集客户资料，确实了解客户需要，选择适当的物流服务介绍给客户 2. 确认客户预定的物流服务项目是否有合适的环境和条件，如有问题要事先安排好补救方法	业务人员、客户服务人员
售中	1. 详细说明具体的物流服务项目 2. 让客户了解物流服务的具体操作流程	业务人员
售后	1. 适时回访，及时发现问题，及时解决 2. 定期检查，发生问题及时沟通、解决 3. 对客户企业进行指导与培训 4. 其他客户需要解决的问题	业务人员、客户服务人员

客户服务的实施具体内容

第八条 编制客户拜访报告。

1. 日报。实施客户服务的人员每日应将拜访客户结果以"日报表"的形式向客户服务主管汇报。"日报表"主要包括以下6点内容。

（1）客户名称及巡访时间。

（2）客户意见、建议、意愿。

（3）市场行情、竞争对手动向及其他公司的物流销售政策。

（4）巡访活动的效果。

（5）主要处理事项的处理经过及结果。

（6）其他必要报告的事项。

2. 审核。客户服务主管接到巡访日报后，应整理汇总，填写"每月巡访情况报告书"，提交给业务部经理。

3. 巡访报告。客户服务主管接到日报后，除能够自行解决的问题外，应随时填写"巡访紧急报告"，报告给业务部经理，请其进行处理。巡访报告主要包括以下4点内容。

（1）同行的物流销售方针政策发生重大变化。

（2）同行的销售或服务出现新动向。

（3）发现本公司服务存在的问题。

（4）其他需作出紧急处理的事项。

第九条 物流客户服务的注意事项。

1. 认清都有哪些服务项目。

2. 通过问卷调查、专访和座谈，收集有关物流服务的信息。

3. 了解客户提出的服务要素是否重要，他们是否满意，与竞争对手相比是否具有优势等。

4. 根据客户不同的需求，归纳成为不同的类型。针对不同类型的客户找出影响核心服务的特点，并考虑能否做到，同时还必须考虑对本公司效益的贡献程度，以及客户的潜在能力等。

5. 分析物流服务的客户满意程度。

续表

6. 分析与相互竞争的其他公司相比,本公司的情况如何。把本公司的产品、服务以及这些产品和服务在市场上的供给活动与竞争对手公司的活动与成绩进行比较评估。

7. 按客户的类型确定物流服务形式。依据客户的不同类型,制定基本方针。在制定方针时要对重要的客户重点地给予照顾,同时要作出盈亏分析。还要分析在物流服务水平变更时成本会发生什么样的变化。

第四章 客户意见调查

第十条 调查目的。

加强对客户的服务,并培养客户服务人员"客户第一"的观念。

第十一条 调查内容。

客户意见调查分为客户的建议或抱怨及对业务人员的评价两部分。

第十二条 调查处理。

1. 对客户的建议或抱怨,其情节重大者,业务部提呈业务部经理审批,提前加以处理,并将处理情况函告该客户;一般性质的,业务部自行酌情处理,但应将处理结果以书面或电话形式通知该客户。

2. 属于需要加强服务的,业务部应经常与客户保持密切的联系,随时给予催办,并协助其解决所有困难问题。

3. 业务部对抱怨的客户,无论其情节大小,均应由业务部经理亲自或专门派人员前往处理,以示尊重。

第五章 客户投诉处理作业规定

第十三条 客户电话投诉的处理。

1. 倾听对方的不满,站在对方的立场考虑问题,同时利用声音及话语来表示对其不满情绪的支持。

2. 从电话中了解投诉事件的基本信息。

3. 如有可能,把电话的内容予以录音存档,尤其是特殊或涉及纠纷的抱怨事件。

第十四条 信函投诉的处理。

1. 立即通知客户已经收到信函,表示诚恳的态度和解决问题的意愿。

2. 请客户告知联络电话,以便日后的沟通和联系。

第十五条 当面投诉的处理。

1. 按照公司客户抱怨处理的相关规定妥善处理客户的各项投诉。

2. 各种投诉都需填写"客户投诉记录表"。

3. 所有的投诉处理都要制订结束的期限。

4. 必须掌握机会适时结束,以免因拖延过长,浪费了双方的时间。

5. 客户投诉一旦处理完毕,须立即以书面的方式通知对方,并确定每一个投诉内容均得到解决及答复。

6. 谨慎使用各种应对措辞,避免导致客户再次不满。

第六章 附则

第十六条 本制度由客服部制定,经总经办审核批准后通过。

第十七条 本制度自颁布之日起生效,根据公司实际发展运营情况,每年修订一次。

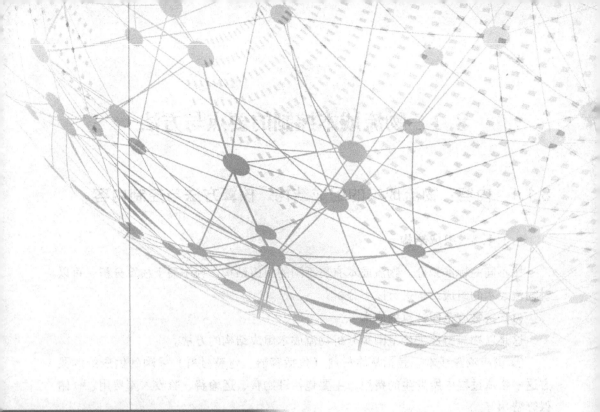

第 8 章

物流成本管理

8.1 物流成本控制的要点与方法

8.1.1 内容：物流成本的组成结构、核算方法与控制内容

8.1.1.1 组成结构

按不同的标准划分，物流成本有着不同的组成结构，为了便于核算分析，可以对物流成本的组成结构进行以下分析。

(1) 按物流范围计算的成本

这是以物流特性划分范围来分析物流成本组成结构的方法。

① 供应物流成本，是指从原材料（包括容器、包装材料）采购到供应给购买方这一物流过程中所发生的费用，主要包括订购费、运输费、验收入库费用、仓储保管费用等。

② 生产物流成本，是指从原材料领用开始，一直到产品完工入库这一物流过程中所发生的所有费用，主要包括内部搬运费、生产过程中物流设施的折旧、库存占用资金的利息支出等。

③ 销售物流成本，是指从产品入库开始，到确定向客户销售直到向客户交货这一过程中所发生的费用。

④ 回收物流成本，是指伴随售出产品的退货而发生的物流活动过程中所需要的费用。

⑤ 废弃物流成本，是指由于产品、包装或运输容器材料等物资的废弃而发生的物流活动过程中所需要的费用。

(2) 按支付形态计算的成本

这是按照财务会计中的费用分类方法来分析物流成本组成结构的方法，主要包括两大部分。

① 委托物流费（如运费、包装费、保管费、出入库装卸费、手续费等仓库保管费）等向企业外部支付的费用。

② 人工费、材料费等企业内部物流活动发生的费用。

(3) 按物流功能计算的成本

这是按照运输、储存、包装等物流功能来分析物流成本组成结构的方法，具体如表8-1所示。

表 8-1 按物流功能分析的物流成本组成结构表

成本项目	内容
运输成本	人工费用,如运输人员工资、福利、奖金、津贴和补贴等; 营运费用,如营运车辆燃料费、折旧费、维修费、养路费、保险费等; 其他费用,如差旅费、事故损失、相关税金等
仓储成本	主要包括建造、购买或租赁等仓库设施设备的成本和各类仓储作业带来的成本,如出入库作业、理货作业、分区分拣作业中的人工成本和相关机器设备费用等
流通加工成本	主要包括流通加工设备费用、流通加工材料费用、流通加工劳务费用及其他在流通加工中耗用的电力、燃料、油料等费用
包装成本	包括包装材料费用、包装机械费用、包装技术费用、包装人工费用等
装卸与搬运成本	主要包括人工费用、资产折旧费、维修费、能源消耗费以及其他相关费用
物流信息和管理费用	包括企业为物流管理所产生的差旅费、会议费、交际费、管理信息系统费及其他相关的杂费

8.1.1.2 核算方法

物流成本核算的方法主要有按支付形态核算物流成本、按功能核算物流成本、按适用对象核算物流成本、按实际作业划分的物流成本四种。

(1) 按支付形态核算物流成本

把物流成本分别按运费、保管费、包装材料费、自家配送费（公司内部配送费）、人工费、物流管理费、物流利息等支付形态记账,从中可以了解物流成本总额,也可以了解哪些经费项目花费较多。具体如表 8-2 所示。

表 8-2 按支付形态核算物流成本

序号	费用项目	销售管理费/元	物流费/元	核算基准	
(1)	车辆租赁费			金额	
(2)	包装材料费			金额	
(3)	工资津贴			人数比率	
(4)	燃料、动力费			面积比率	
(5)	保险费			面积比率	
(6)	修缮费			面积比率	
(7)	折旧费用			面积比率	
(8)	削价费用			面积比率	

续表

序号	费用项目	销售管理费/元	物流费/元	核算基准	
(9)	通信费			物流费比率	
(10)	消耗品费			物流费比率	
(11)	软件租赁费			物流费比率	
(12)	支付利息			物流费比率	
(13)	杂费			物流费比率	
(14)	广告宣传费		—	不含	
(15)	招待费		—	不含	
(16)	旅费、交通费		—	不含	
	合计			占销售管理费比率	
销售、物流费合计				物流费占销售总额比率	
备注	核算基准的有关公式如下。 人数比率 = $\dfrac{物流工作人员数}{全公司人数} \times 100\%$ 面积比率 = $\dfrac{物流设备面积}{全公司面积} \times 100\%$ 物流费比率 = $\dfrac{(1)\sim(8)的物流费}{(1)\sim(8)的销售管理费} \times 100\%$				

(2) 按功能核算物流成本

分别按包装、配送、保管、搬运、信息、物流管理等功能核算物流费用，具体如表8-3所示。

表8-3 按功能核算物流成本

费用项目	数额	功能					
		包装费	配送费	保管费	搬运费	信息流通费	物流管理费
车辆租赁费							
包装材料费							
工资津贴							
燃料、动力费							
保险费							
修缮费							
纳税及公用费用							

续表

费用项目	数额	功能					
		包装费	配送费	保管费	搬运费	信息流通费	物流管理费
削价费用							
通信费							
消耗品费							
软件租赁费							
支付利息							
杂费							
合计	金额/元						

(3) 按适用对象核算物流成本

按使用对象核算物流成本，可以分析清楚物流成本都用在哪种对象上，如可以分别把客户或地区作为对象来核算。

(4) 按实际作业划分的物流成本

实际作业成本核算方法是通过计算设定各作业环节的单价，掌握各作业环节处理量，从而计算出各个作业环节的成本，汇总出物流总成本的方法。

8.1.1.3 控制内容

在日常的物流运营过程中，需要通过对各种物流管理技术和方法的应用来提高物流效率，达到降低物流成本的目的。物流成本控制的目的在于加强物流管理、促进物流合理化。物流成本控制的内容包括绝对成本控制和相对成本控制。

(1) 绝对成本控制

绝对成本控制是将物流成本控制在一个绝对金额以内的控制方法。绝对成本控制从节约各种成本支出、避免浪费的角度进行物流成本控制，要求把生产劳动过程中发生的一切成本费用支出都划入成本控制范围，有针对性地进行控制。绝对成本控制具体内容如表8-4所示。

表8-4 绝对成本控制的内容

内容	说明
标准成本控制	标准成本指根据已经达到的生产技术水平，在正常经营条件下应当发生的成本，是一种预定的目标成本； 绝对成本控制工作需要对标准成本进行严格控制

续表

内容	说明
预算控制	成本标准确定后,企业应充分考虑其财力状况,制订出每一种成本的资金预算,以确保物流活动的正常进行; 按照标准成本,进行定期与不定期检查、评价与对比,以求控制物流活动和成本水平

(2) 相对成本控制

相对成本控制,是通过成本与产值、利润、质量和服务等的对比分析,寻求在一定制约因素下取得最优经济效益的一种控制方法。

相对成本控制扩大了物流成本控制领域,要求在降低物流成本的同时,注意与成本关系密切的因素,诸如产品结构、项目结构、服务质量水平、质量管理等方面的工作,目的在于减少单位产品成本投入,提高整体经济效益。

8.1.2 方法:降低物流成本的方法

降低物流成本一般是通过改变客户服务水平为前提的物流合理化,以及在规定服务水平的前提下改进物流活动效率来实现。降低物流成本的方法如表 8-5 所示。

表 8-5 降低物流成本的方法

方法	说明
合理确定运输路线	企业内运输路线是否合理主要取决于企业平面位置的规划。企业应合理规划企业车间、仓库的位置,以及车间内机器设备的位置,优化企业内的物流路线,使搬运短程化、直线化,减少物料在企业内的迂回、倒流、重复和过远运输; 企业外运输路线的合理选择:企业应尽量就近组织物料供应和产品销售,避免相向、重复、迂回、倒流等各种不合理运输,以缩短货物在途时间,加快物流速度,降低物流成本
合理选择运输方式	直达运输有利于减少中转环节和装卸次数,从而加快物流速度和减少途中损耗,宜用于大宗货物、急需货物和专用货物的运输,反之则应采用中转运输; 联合运输与独立运输相比,可以提高运载工具效率,降低物流成本,因此物流经理应彻底跳出以企业自身为本位的狭隘观点,尽可能组织联合运输
扩大运输量	货物的批量化可根据以下方法进行:提高每次接受订货的单位,或者减少运输次数,或者与同行业的其他公司或其他行业等进行联合运输
合理运用运输工具	优化产品设计,改进产品包装,充分利用运输工具的容积,提高技术装载量; 改进运输方式,合理组织轻重配装、拆零装载、散装运输以及改进堆码等,以充分利用运输工具的容积和装载量; 提高装卸技术,尽可能利用机械化装卸,保证快装快卸,加快车船周转; 利用回空的车船,组织双程运输,利用空余运力,组织捎脚运输,消除车船空驶; 积极开展集装箱运输; 加强对自有运输工具的维修、保管和使用的管理工作,严格控制各项费用支出

续表

方法	说明
合理装卸	考虑装卸与其他作业的配合,提高装卸的灵活性; 加强装卸作业管理,减少装卸次数,提高装卸效率; 合理选择装卸方式,提高装卸技术水平; 引进集装箱和托盘,利用机械化达到省力的效果
合理包装	合理设计包装,保证包装程度的集中。包装设计要与装卸、储存和运输条件相适应,避免包装功能过剩,并尽可能选用廉价的包装材料; 合理使用包装物。对于周转使用的包装物,要加速包装物的周转速度,延长包装物使用年限和使用次数,并做好包装物的回收利用,避免使用过程中的损失浪费; 加强对包装物的收发管理。所有包装物品购入时须记账,并制订包装物的消耗定额,根据限额领料凭证发料,严格控制其使用数量; 加强对包装物的计划管理。使用部门按需提交使用计划,交主管部门加工或购置; 包装作业机械化
完善物流途径	完善物流途径,使之简短化、合理化,不仅可降低运输费,还可降低保管费和装卸费等。在实行物流途径简短化时,关键问题是实行商物分离,新设仓库及配送中心等物流据点
合理的库存	保持最合理的库存量,一定时期根据客户的需要所必需的最小量就是合理的库存量; 切实管理好库存货物,提高保管效率

8.2 物流成本管理细节

8.2.1 工具1：物流成本预算表

建立物流成本预算制度，编制物流成本预算，实行物流成本预算管理是物流成本管理的重要内容，是进行物流成本控制的基础与保障。如表8-6所示是物流成本预算表。

表8-6 物流成本预算表

编制部门： 　制表日期： 　年　月　日 　　　　　　　　　　　　单位：元

项目	上年实际数	本年预算数	项目	上年实际数	本年预算数
物流费用预算合计			(1)仓储、分拣人工费用		
1.仓储、分拣费用预算小计			其中:仓储、分拣人员工资及福利费		

续表

项目	上年实际数	本年预算数	项目	上年实际数	本年预算数
(2)保管费			(14)保险费		
(3)包装费			其中:车辆保险费		
(4)商品损耗			(15)劳动保护费		
(5)装卸费			(16)其他费用		
(6)其他费用			补充资料		
2.配送费用预算小计			1.物流资本性投入预算合计(含在建工程预算)		
(1)配送直接人工费			(1)房屋建筑物		
(2)运费			(2)机器运输设备类小计		
(3)燃油费			①货架、堆垛机		
(4)过路过桥费			②分拣设备		
(5)其他费用			③大屏幕监控设备		
3.管理费用预算小计			④仓库内电动叉车、手动叉车		
(1)管理人员工资			⑤仓库打码机、喷码机		
(2)折旧费			⑥电脑及设备		
其中:车辆折旧			⑦控制电柜及设备		
(3)税费			⑧运输设备		
(4)无形资产摊销			其中:仓储用车		
(5)水电费			送货车		
(6)通信费			(3)无形资产投入		
(7)差旅费			其中:土地使用权		
(8)办公费			软件费		
(9)业务招待费			(4)其他资本性投入		
(10)低值易耗品摊销			2.物流费用预算指标分析		
(11)管理用车费用			(1)企业资产总额/(万元)		
其中:燃油费					
过路过桥费					
养路费					
(12)修理费					
其中:车辆修理费					
(13)租赁费			(2)销量预算/箱		

续表

项目	上年实际数	本年预算数	项目	上年实际数	本年预算数
(3)利润总额预算/(万元)			(10)单箱管理费用/(元/箱)		
(4)平均存货余额/(万元)			(11)单箱车辆折旧额/(元/箱)		
(5)存货周转次数/次			(12)物流资本性累计投入占总资产比例/%		
(6)单位面积存货存量/(箱/米²)			(13)物流费用率/%		
(7)单箱物流费用/(元/箱)			(14)物流费用利润率/%		
			(15)物流车辆数		
(8)单箱仓储、分拣费用/(元/箱)			(16)车辆月行驶总里程/km		
(9)单箱配送费用/(元/箱)			(17)库房面积/m²		
填写说明	\multicolumn{5}{l}{1. 单位面积存货存量(箱/米²)=期末存货数量÷库房建筑面积 2. 单箱物流费用(元/箱)=期末物流费用÷期末销售数量 3. 单箱仓储分拣费用(元/箱)=期末仓储分拣费用÷期末销售数量 4. 单箱配送费用(元/箱)=期末配送费用÷期末销售数量 5. 单箱管理费用(元/箱)=期末管理费用÷期末销售数量 6. 单箱车辆折旧额(元/箱)=车辆折旧费用÷期末销售数量 7. 物流资本性累计投入占总资产比例=物流资本性累计投入÷企业期末资产总额×100% 8. 物流费用率=物流费用÷期末销售收入×100% 9. 物流费用利润率=利润总额÷物流费用×100%}

8.2.2 工具2：ABC物流成本预算表

ABC成本预算法又称作业成本法，在实际应用中较为广泛，表8-7为利用作业成本法做的物流成本预算表。

表 8-7　ABC 物流成本预算表

支付形态			范围	供应物流费用	企业内物流费用	销售物流费用	退货物流费用	废弃物流费用	合计
企业物流费用	本企业支付物流费用	企业本身物流费用	材料费	资材费					
				燃料费					
				消耗性工具、器具等					
				其他					
				合计					
			人工费	薪酬、补贴					
				福利费					
				其他					
				合计					
			公益费	电费					
				煤气费					
				水费					
				其他					
				合计					
			维护费	维修费					
				消耗性材料费					
				税金					
				租赁费					
				保险费					
				其他					
				合计					
			特别经费	一般经费					
				折旧费					
				企业内利息					
				合计					
			合计						
		委托物流费用							
	本企业支付物流费用								
	外企业支付物流费用								
	企业物流费用总计								

注：1. 物流信息费和物流管理费均计入合计栏和各种范围栏。

2. 企业本身物流费用合计包括材料费、人工费、公益费、维护费、一般经费和特别经费。本企业支付物流费用，包括企业本身物流费用和委托物流费用。企业物流费用总计包括本企业支付物流费用和外企业支付物流费用。

8.2.3 工具 3：物流储存成本分析表

物流储存成本包括包装成本、装卸成本、仓库租赁成本、折旧成本等，相关工作人员要及时地对其进行分析以控制成本。物流储存成本分析表如表 8-8 所示。

表 8-8 物流储存成本分析表

成本项目	费用	备注
包装成本		
装卸成本		
仓库租赁成本		
折旧成本		
短缺成本		
其他成本		
合计		

8.2.4 工具 4：物流运输成本分析表

物流运输成本分析表用来分析运输成本的构成和变化，如表 8-9 所示。

表 8-9 物流运输成本分析表

运输路线		货物	运输形态构成			
出发地	目的地		陆运	空运	水运	合计

8.2.5 工具 5：形态别物流成本控制计算表

形态别物流成本控制计算表测定的科目和费用如表 8-10 所示。

表 8-10　形态别物流成本控制计算表

测定科目	业务管理费	物流费用	计算指数
1. 车辆租借费			金额
2. 商品材料费			金额
3. 工资费用			人员指数
4. 水电费			面积指数
5. 保险费			面积指数
6. 修理费			面积指数
7. 折旧费			面积指数
8. 交纳税金			面积指数
9. 通信费			物流费指数
10. 消耗品费			物流费指数
11. 软件租借费			物流费指数
12. 支付利息			物流费指数
13. 杂费			物流费指数
14. 广告宣传费			不包含
15. 公关接待费			不包含
16. 旅差交通费			不包含
说明	1. 人员指数＝物流职员数/企业全体人员数 2. 面积指数＝物流设施面积/全企业面积 3. 物流费指数＝(1～8 项物流费)/(1～8 项销售管理费)		

8.2.6　工具 6：机能别物流成本控制计算表

机能别物流成本控制计算表用来测定不同机能的物流费用，如表 8-11 所示。

表 8-11 机能别物流成本控制计算表

测定科目	物流费	不同机能物流费测定科目					
		包装费	配送费	保管费	装卸费	信息流通费	物流管理费
1. 车辆租借费							
2. 商品材料费							
3. 工资费用							
4. 水电费							
5. 保险费							
6. 维修费							
7. 折旧费							
8. 交纳税金							
9. 通信费							
10. 消耗品费							
11. 软件租借费							
12. 支付利息							
13. 杂费							
合计	金额						
	构成比						
说明	1. 人员费按人数比例分别摊入管理费、保管费、装卸费 2. 水电费、保险费、维修费、折旧费在保管费和装卸费中平均分配 3. 消耗品费、杂费在保管费、装卸费和物流管理费中各占 1/3						

8.2.7 工具 7：物流成本降低方法分析表

物流成本降低方法分析表从运费、保管费、包装费、装卸费等角度综合分析降低物流成本的实施办法，如表 8-12 所示。

表 8-12　物流成本降低方法分析表

实施办法		本企业现在情况好否	
		好	否
1. 降低运费的方法	(1)商流、物流分离,简化物流途径		
	(2)扩大工厂直接运送		
	(3)减少运输次数		
	(4)提高车辆的装载效率		
	(5)设定最低订货量		
	(6)实行计划运输		
	(7)开展共同运输		
	(8)选择最佳运送手段		
2. 降低保管费用的方法	(1)减少库存点		
	(2)维持合理的库存量		
	(3)提高保管效率		
3. 降低包装费用的方法	(1)采用价格便宜的包装材料		
	(2)包装简化、朴素化		
	(3)包装作业机械化		
4. 降低装卸费用的方法	(1)减少装卸次数		
	(2)利用集装箱和托盘,以省力		
改进计划			

8.2.8　流程：物流成本管理工作流程

物流成本管理工作流程分为四大步骤，如图 8-1 所示。

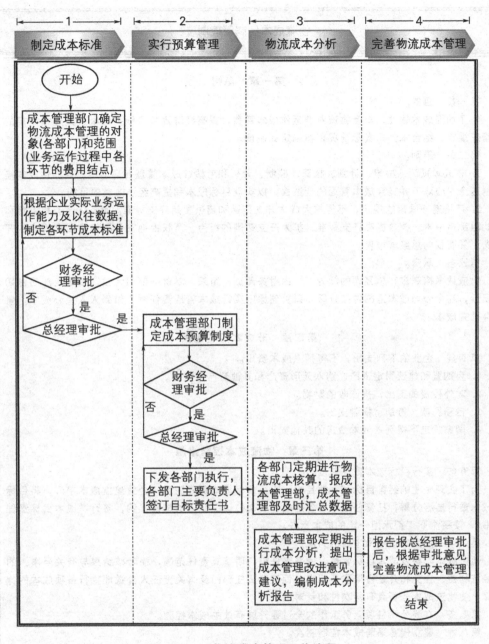

图 8-1 物流成本管理工作流程

8.2.9 制度：物流成本控制管理制度

下面是某公司的物流成本控制管理制度。

物流成本控制管理制度

第一章 总则

第一条 目的。

为了加强成本管理,降低物流业务运作成本耗费,提高经济效益,根据国家有关成本费用的管理规定,结合本公司实际情况,特制定此制度。

第二条 原则。

1. 在成本预测、决策、计划、核算、控制、分析和考核等成本管理各环节中,要抓住成本控制这个中心环节并贯穿成本管理的全过程,以实现目标成本和提高经济效益的目的。

2. 严格遵守国家的规定,不得扩大成本开支范围和超过费用开支标准。财务人员有权监督和劝阻乱挤成本、擅自提高开支标准、扩大开支范围的行为,有权拒绝支付不符国家规定的开支,并有权向总经理报告。

第三条 职责。

物流成本控制应在总经理的领导下,由财务部负责组织,以财务部门为主,各职能部门密切配合,在全公司成本范围内按分级归口管理原则实行成本管理责任制,做到人人关心成本,事事讲究成本。

第二章 非成本控制范围

第四条 企业的下列支出,不得列入成本费用。

1. 为购置和建造固定资产、购入无形资产和其他资产的支出。
2. 对外投资的支出,被没收的财物。
3. 各项罚款、赞助、捐赠支出。
4. 国家规定不得列入成本费用的其他支出。

第三章 物流成本控制措施

第五条 实行目标成本责任制度。

为了实现企业的经营目标和利润目标,实行目标成本责任制度,企业建立成本中心,将目标成本进行层层分解,把责任成本与各层级、各岗位员工个人的责任挂钩,签订"成本目标责任书",使每个职工都承担一定的成本责任。

第六条 加大物流成本考核的力度。

通过成本考核及成本目标管理,使各责任部门明确其责任范围,使考核结果与有关当事人的经济利益、任免和升迁直接联系起来,促使各责任部门及有关责任人自觉地执行各项成本的计算,使物流成本分析具有层次性和针对性。

第七条 在我公司各项业务运作的全过程开展有效的成本控制。

第八条 建立代客采购成本控制制度。

通过严格的采购制度来降低采购成本,提升利润空间,增加企业的经济效益。

第九条 建立健全定额制度。

定额是编制成本计划和考核成本水平的依据,也是审核和控制耗费的标准。公司应根据自身的设施条件、技术状况和实际业务特点,结合职工技能等方面的因素来制订和修订定额,并据以审核各项耗费是否合理,借以控制耗费、降低物流成本。

续表

第十条　利用作业基准成本法改进作业链。

减少作业消耗，提高作业质量，并在整个作业周期内进行战略成本管理，为实施物流流程再造、业绩评价等提供成本信息，通过高效率的配送来降低物流成本。

第十一条　提升现场仓储管理水平。

依据库存面积、货物流向，按照效率最高、成本最低的要求，选择合理的功能布局，减少和消除不必要的作业流程。通过智能化仓储管理，实现先进先出管理和实物的相对集中统一调控，优化提货作业流程，建立拆零区和整箱区，节省提货作业时间，避免由于进出库线路迂回而增加搬运费用。着力提升现场管理水平和严格员工作业程序，发现问题，限时纠正和整改，并做好检查记录。

第十二条　优化线路，合理配置人力资源。

运输路线的选择会直接影响到运输成本。配送、运输部门在运输的过程中应尽量避免同一货物在同一路线上的往返即对流现象的发生。同时，要防止运输迂回的出现，实现有效配载，尤其是回程配载。在配送中心有效服务范围内的客户密度是降低成本的关键，线路方案选优，可根据"确定半径、成本控制、快捷服务"的原则，按照物流成本核算中对显性成本和隐性成本项目的分类，对预案线路进行综合测算选优，确定配送半径，合理定位。

第十三条　选择适当的包装材料、形态、规格等，控制包装费用；集中分拣打码，提高劳动效率。

第十四条　进行物流成本分析。

借助于物流费用支出的现状，对物流成本的计算结果进行分析，检查和考核成本计划的完成情况，找出影响成本升降的客观因素，评价企业物流绩效，总结经验，发现问题，为改进物流活动全过程提供依据。

第四章　附则

第十五条　本制度经总经理工作会议审查批准，由财务部门通知全公司实施。

第十六条　本制度由财务部门负责解释和修订。

第9章

第三方物流管理

9.1 第三方物流的特征与运营

9.1.1 内容：第三方物流的内涵

第三方物流是指由供方与需方以外的物流企业提供物流服务的业务模式。第三方就是指提供物流交易双方的部分或全部物流功能的外部服务提供者。在某种意义上可以说，它是物流专业化的一种形式。

第三方物流管理模型如图 9-1 所示。

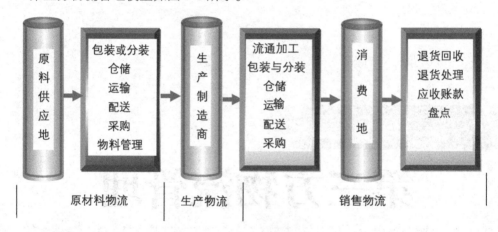

图 9-1　第三方物流管理模型

第三方物流的出现有着深刻的社会背景。随着新技术的发展和社会分工的进一步深化，一些生产经营企业为了更好地集中资源"聚焦"主业，将自己公司的物流业务以合同方式委托给专业的物流服务企业，双方通过专用的信息管理系统保持着密切联系，并对物流业务的全程进行管控，这就促使第三方物流的出现和发展。

第三方物流的本意很简单也很清晰，它主要是企业动态地配置自身和其他服务企业的各类服务，利用外部的资源为企业内部生产经营服务，以达到"聚焦"和"提效"的目标。

我们可以将它理解为由供方和需方外的物流企业提供物流服务，承担部分或全部物流运作的业务模式，是在特定的时间段内，按照特定的价格为使用者提供个性化的物流服务，具有明显的专业化、系统化、网络化和合同化的特征。

第三方物流是生产、流通社会化的一个标志。它不仅可以进行集约化物流，在一定服务范围内实现合理化物流，从而大量节约物流费用，而且可以节约大量的社会流动资金，实现资金流动的合理化，既提高经济效益又提高社会效益。

9.1.2 优劣：企业采用第三方物流的优越性和弊端

在物流实践中，企业是否采用第三方物流需要进行综合权衡，要明确第三方物流的优越性和弊端，具体如图 9-2 所示。

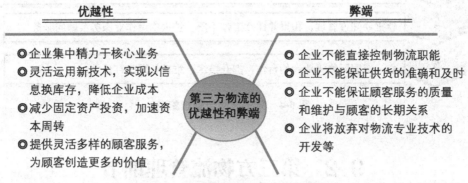

图 9-2 第三方物流的优越性和弊端

企业选择第三方物流模型的依据如图 9-3 所示。

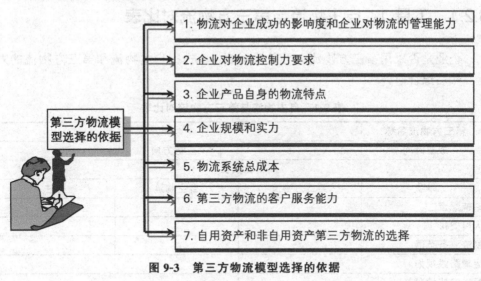

图 9-3 第三方物流模型选择的依据

9.1.3 策略：第三方物流管理策略

根据第三方物流管理模型，物流企业应做好如图 9-4 所示的管理策略，以提升企业的整体管理水平。

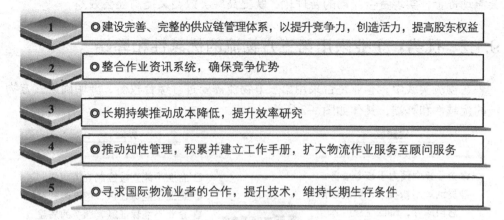

图 9-4　第三方物流管理策略

9.2　第三方物流管理细节

9.2.1　工具 1：自主物流与第三方物流对比表

企业是否采用第三方物流，可以填写表 9-1 进行自主物流和第三方物流的对比，然后综合研判。

表 9-1　自主物流与第三方物流对比表

第三方物流名称		地址	
成立时间		业务方向	
对比项目			
事项	第三方物流	自主物流	备注
车辆配置			
人员安排			
物流业务范围			
运输路线规划			
配送完成情况			

9.2.2　工具 2：异常需求满足率

异常需求满足率是指在考核期内物流企业满足客户不同于正常情况下需求的比

率，一般情况下异常需求是指不同于正常情况下的需求，包括改变装运交付地点、紧急订单处理等。

其计算公式为：

$$异常需求满足率 = \frac{异常需求及时满足的次数}{异常需求总次数} \times 100\%$$

该指标通过考察第三方物流企业对客户异常需求的满足程度，体现物流服务的柔性和灵活性，反映物流企业满足客户异常需求的能力。

下面是该指标的一些常见说明。

【英文名称　English Name】
异常需求满足率（Fulfillment Rate of Abnormal Needs）

【计量单位　Measurement Unit】
□率（%）　□频次　□数量
□金额　□时间　□其他

【适用范围　Applicable Scope】
适用部门：物流企业、业务部。

【考核周期　Appraisal Period】
通用。月度/季度/年度。

【量化考核　Quantitative Appraisal】
1. 异常需求满足率达＿＿%以上，该项考核指标得满分。
2. 当＿＿%≤异常需求满足率<＿＿%，得＿＿~＿＿分。
3. 当异常需求满足率<＿＿%，得＿＿分（60分及以下）。

【信息来源　Information Source】
1. 采集点：客户订单记录表、交货记录表。
2. 采集时间：考核实施前＿＿天。
3. 采集方法：数据查证法。

【使用说明　Specification】
指标设置说明分析：异常需求满足程度虽然只能反映一小部分顾客的需求状况，但是，异常需求满足率高，则说明物业企业应对市场需求和变化的能力较强，因此异常需求满足率也是反映企业物流服务水平的重要指标之一。

【失真提示 Distortion Tips】
异常需求应当是在合理范围内的需求，如果是鉴于企业目前实际情况无法达成的需求，则不应记入异常需求满足率的范围内，否则会造成考核失真。

【相近指标　Similar Indicator】
特殊订单完成率。

9.2.3 流程：第三方物流配送流程

第三方物流配送流程需要三方协调，如图 9-5 所示。

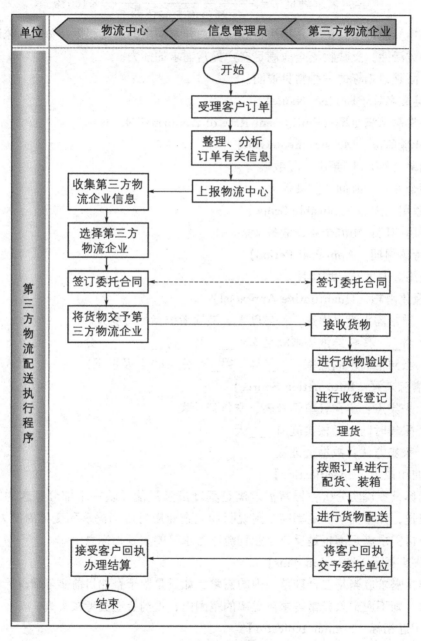

图 9-5 第三方物流配送流程

9.2.4 制度：运输外包管理制度

在物流实践中，许多企业并不是全部将自己的物流业务交给第三方物流公司，而是根据自己的实际情况，将企业物流工作中的一部分"外包"给第三方物流公司进行管理，其余部分则由企业自己进行管理。下面是某公司的运输外包管理制度，反映的就是物流业务在外包过程中的各种关键问题。

制度名称	运输外包管理制度	受控状态	
		编号	
执行部门		监督部门		编修部门	

第一章　总则

第一条　目的。

为了规范本公司运输外包管理工作，使公司能将资源集中在核心竞争力上面，选择合适的承运商，降低公司物流成本，特制定本制度。

第二条　适用范围。

本制度适用于公司各种物流运输外包管理事项，包括但不限制于以下 6 类。

1. 为了节约成本而进行的公路运输外包。
2. 多式联运中的铁路运输外包。
3. 多式联运中的内河运输外包。
4. 国际货运中的远洋运输。
5. 多式联运中的航空运输。
6. 本公司不具备运输条件的其他运输外包。

第三条　管理职责。

1. 仓储部经理负责运输外包商的决策、选择和合同签订工作。
2. 配送主管负责运输需求分析，需求方案制订，外包承运商考核与评价等工作。
3. 运输管理人员负责搜集承运商信息，为上级提供决策参考，同时配合部门对承运商进行考核、评价。

第二章　外包需求规划

第四条　需求分析。

运输管理人员分析仓储部现有运输任务和运输能力，当出现如下情况时，需要将运输进行外包。

1. 在运输过程中有公司不具备运输能力的运输项目时。
2. 仓储部运力不足或仓储部有运力完成现有的运输任务但运输成本过高时。
3. 公司规模不断扩大，原有的运输规划不能满足公司发展的战略目标时。
4. 公司不熟悉的国际贸易、国际通关、空运报价等业务，可考虑用第三方物流，借用其掌握的专业知识和关键信息协助公司完成业务。

续表

第五条　制订外包方案。
1. 仓储部提出的外包需求至少要包括四方面内容：描述公司需要解决的运输问题，详细说明要求的运输服务水平，描述公司正在寻找的合作关系类型，在运输外包商评价条款中定义全部需求。
2. 外包需求分析完成之后，要选择好业务外包的具体项目，制订"运输外包方案"。
3. 根据具体外包业务项目，寻求擅长业务模块的承运商。

第三章　承运商的评估和选择

第六条　承运商的调查。
1. 运输管理人员应当熟悉承运商的分类，具体分类如下表所示。

运输承运商分类表

运输分类标准	具体分类			
运输方式	公路承运人、铁路承运人、航空承运人、远洋承运人、内河承运人、管道承运人			
运输服务商	货运代理商		具体运输承运人(有船承运人)	
核心业务	以运输为基础	以仓储配送为基础	以货代为基础	以财务和信息为基础
经营规模和性质	运输股份公司	运输有限责任公司	个体户	第三方物流公司

2. 确定合格的承运商之后，运输主管必须对其逐一进行调查，了解承运商的软硬件设施、团队、营运系统和专长、财务状况、组织结构、用人方法等公司状况，作为评估选择的决策依据。
3. 调查时，运输主管应预先联系承运商，约定会面时间；会面时，应沟通业务外包策略和技术层面的一些问题，使承运商了解运输的目标和任务。

第七条　承运商的考核与评价方法。
调查完相关数据后，仓储部应对承运商进行评价。进行评价常用的方法有服务质量比较法、运价比较法和综合比较法3种。

第八条　承运商考核评价内容。
评价承运商时，下列6种因素必须加以考虑。
1. 取货、运输和送货服务是否良好、及时、准确、迅速、安全、可靠。
2. 门到门运输服务所需费用是否合理。
3. 能否及时提供运输车辆、物资在途情况查询和其他业务咨询服务。
4. 能否及时处理有关索赔事项。
5. 是否正确填制提单、货票和其他有关的运输凭证。
6. 双方能否建立长期的合作伙伴关系。

第九条　选择承运商。
1. 评估工作由运输主管主导进行，评价完成后填写"承运商评价表"，交仓储部经理审批。
2. 审批确认后，运输主管着手制订运输外包费用计划，交财务部审核通过后执行。

续表

第四章 运输外包实施

第十条 合同签订。

1. 选择好承运商之后，需要对其明确服务环节、作业方式、作业时间、服务费用等服务要求，并对细节作出明确规范。

2. 达成协定后，运输管理人员和承运商签订运输合同。运输合同必须采用书面形式，由仓储部和承运商本着平等、自愿、公平、诚实、信用的原则签订。

3. 运输管理人员在合同中应明确合同终止条款和冲突发生时的处理方案，为了避免纠纷，对不同的业务可以分别签约。

第十一条 注意事项。

1. 根据《国际公路物资运输合同公约》规定，公路运输合同应明确规定物资运输时间、规格、数量、价格等。

2. 水路运输合同拟订需要遵循所在地水路运输的相关规定。合同中需要明确规定运输方法、装船时间、运送期限、卸船时间、费用和事故责任等相关事项处理原则。

3. 托运航空运输合同拟订需要向航空公司提交包机申请。如果是由外包商来承办，则由其与航空公司签订航空运输合同。签订协议书的当事人，均应遵守民航主管部门有关包机运输的规定。

4. 需要海运托运业务的，应遵照海上运输管理规定签订海上运输合同。

第五章 合同履行

第十二条 履行情况监督。

1. 合约签订完毕后，需要按照本公司相关制度进行交付，并由运输管理人员监督执行。

2. 当物资发生损毁或者运输过程中遇到意外时，运输管理人员应要求由承运商按合同相关条款赔付。

第十三条 合同续约规定。

合同到期，优秀的承运商可以继续合作，以保证公司运输业务得到长期、持续、稳定的发展。

第六章 附则

第十四条 本制度由公司仓储部负责制定、修改和解释。

第十五条 本制度自颁布之日起实施。

编制日期		审核日期		批准日期	
修改标记		修改处数		修改日期	

9.2.5 合同：第三方物流合同文本

下面是某公司的第三方物流合同文本模板。

文书名称	××公司第三方物流合同文本	执行部门	
		监督部门	

合同编号：
甲方（保管方）：
乙方（存货方）：
为了共同做好运输工作，实现互惠互利，根据委托储存计划和仓储能量的情况，甲乙双方在友好协商下签订本合同，共同信守。

一、储存货物的名称、规格、数量、质量

1. 货物名称：
2. 品种规格：
3. 数量：
4. 质量：

二、货物包装

1. 存货方负责货物的包装，包装标准应按照国家或专业标准规定执行，没有以上标准的，在保证运输和储存安全的前提下，由合同当事人共同议定。
2. 包装不符合国家或合同规定，造成货物损坏、变质的，由存货方负责。

三、合同期限

合同期限从　　年　　月　　日至　　年　　月　　日止。

四、运输

1. 货物运送以第三方作为指定收货人。

客户可不以第三方作为指定收货人来运送货物，第三方也有权利自由地拒绝或接受以第三方作为指定收货人的货物。如果第三方接受以第三方作为指定收货人的货物，客户在得到第三方通知后，应立即书面通知承运人，将一份副本送给第三方，说明第三方对上述财产没有受益权或利益关系。

2. 不符合规定的货物。

客户不能把符合下列条件的货物运送到第三方。
（1）与货物清单中规定的不一致。
（2）与每一批货物的包装标记不一致。

3. 第三方有权拒绝或接受任何不符合规定的货物。如果第三方接受了这种货物，客户应支付价目表中所规定的费用，若价目表中没有规定，则支付合理的费用。第三方收到这些不符合规定的货物，应尽快通知客户，以获得有关指令，第三方不负责由于口头传递所造成的失误。

五、仓储的提供

由第三方配送的所有货物都必须恰当地进行标记和包装，然后送到仓库以便配送。客户在送货前，应准备好符合业务范围的货单。双方同意第三方根据协议规定的价格储存和搬运货物。

六、送货要求

1. 没有客户准确的书面要求，第三方不运送或转运货物。第三方也可以根据电话发送货物，但是第三方不承担口头传递信息而造成失误的责任。

2. 客户要求从仓库中提货，必须给第三方合理的提货期限。如果因为天灾、战争、公敌、罢工、扣押、骚乱等，或者第三方不能控制的任何因素，或者因为不由第三方责任而造成货物的损失或损坏,或者因为法律所提供的任何其他理由,那么第三方不承担这种过失的责任。如果执行过程中发生了某一事件或困难,客户与第三方应同意适当地延期。

七、额外服务(特殊服务)

1. 不属于通常物流服务(即"业务范围"内)所需的第三方劳动力,按第三方的通常费用标准收取额外的合理费用。

2. 客户所需要一些附加服务,如编制特定的存货报表、标出的重量及包装上的系列数字或其他数据等,按第三方的收费标准收取额外的合理费用。

3. 为客户提供材料、包装材料或其他特殊材料,按第三方的通常费用标准收取额外的合理费用。

4. 由于事先安排,不在正常时间内收到或运送货物的,按第三方费用标准收取额外的费用。

5. 邮资、电传、电报或电话的通信费用,如果超过通常的服务标准,或者在客户的要求下,这些通信不采用约定的正常方式,那么上述费用向顾客收取。

6. 有时第三方在没有客户书面同意的情况下,产生了必需的"非常"费用,客户同意支付第三方由此而产生的合理、适当的费用。然而,只要可能,第三方在产生这些费用前,应从客户那里获得许可。这种许可可以是口头的,但第三方对口头传递信息所造成的失误不负责任。

八、验收项目和验收方法

1. 存货方应当向保管方提供必要的货物验收资料,如未提供必要的货物验收资料或提供的资料不齐全、不及时,所造成的验收差错及贻误索赔期或者发生货物品种、数量、质量不符合合同规定时,保管方不承担赔偿责任。

2. 保管方应按照合同规定的包装外观、货物品种、数量和质量,对入库货物进行验收,如果发现入库货物与合同规定不符,应及时通知存货方。因保管方未按规定的项目、方法和期限验收,或验收不准确而造成的实际经济损失,由保管方负责。

3. 货物验收期限,是指货物和验收资料全部送达保管方之日起,至验收报告送出之日止(日期均以运输或邮电部门的戳记或直接送达的签收日期为准)。保管方与存货方约定的验收期限为:国内货物不超过10天,国外到货不超过30天。超过验收期限所造成的损失由保管方负责。

九、双方的权利与义务

(一)甲方的权利和义务

1. 根据客户送货的需要,及时将送货地址、联系人、联系电话等转告乙方,让乙方准时派车到达指定地点装货。

2. 将客户货物的送货单交给乙方,配合乙方根据送货单的货物名称、规格、数量以及附件等进行点收装车,要求乙方充分利用好车厢的空间位置、调整好货物的摆放位置。在督促乙方对货物做好防碰、防损的同时还要做好货物的交收复核工作。

(二)乙方的权利和义务

1. 乙方保证安全、平稳、完整、准时地承运甲方客户的所有货物。

2. 乙方承诺接到甲方的通知后,在规定的时间内将所需车辆开抵装货地点。

3. 乙方根据甲方的要求提供运货司机的身份证、驾驶证以及车辆的行驶证(正本和复印件)给甲方核对,同时提供司机的家庭电话和手机电话号码,并向甲方保证其真实性。

4. 乙方得到甲方的通知到指定地点装车时,乙方必须在现场根据甲方客户的送货单逐一点收货物,同时填好甲方的点数表,配合甲方业务人员安排好装货位置,点数时对货物做好适当的固定、防碰撞、防雨淋等保护措施。如果是运送没有包装的货物,乙方更加需要小心操作,必须采取紧固、加上垫片防护夹板、用绳索拉紧等保护措施,保证货物及外包装在运输过程不会损坏。否则按照厂方扣款的金额相应扣减乙方运费。

5. 乙方承担整个运输过程的货物保险。货物在装车后至收货单位收货前的损坏、丢失、被盗、被扣等一切责任均由乙方负责赔偿。

6. 乙方必须按照甲方的要求在规定的时间内将货物运抵目的地(以收货方签收为准),还要做好货物的交接签收工作。具体的做法是将甲方客户的送货单交收货方签收并盖章确认,然后将已经签收的送货单及时交还甲方。货物的送达每迟到一天按全程运费的5%扣款,迟到两天按10%扣款,以此类推。

十、运费结算

1. 每月5日为回收上一月送货单回单的最后期限。每月10日为甲方支付乙方上一月运费的最后期限(遇节假日顺延,以银行汇款单日期为准)。因乙方未及时交回送货单回单而导致甲方不能及时结算的,责任在乙方。相应的运费结算顺延至应结算月的下一月。

2. 在结算运费时,乙方必须提供与总结算金额相同额度的正规、有效、合法的货物运输业务发票给甲方。乙方必须保证所提供发票的真实、有效、合法性,否则由此引起的一切法律责任由乙方负责,与甲方无关。乙方在结算运费时如不能提供正规、有效、合法的货物运输业发票,需扣除总运费的3.5%,作为不能提供发票的抵扣金。如乙方提供的是有效的非合同车辆承运的结算单据,需扣除总运费的7%,作为不能提供有效、正规、合法发票的抵扣金。

3. 如果甲方未按规定时间将应该结算的且符合本合同规定的运费及时支付给乙方,每推迟一日,甲方应赔偿乙方当月结算总运费的50%作为违约金,但与乙方商定推迟结算时间的除外。

十一、违约责任

(一)保管方的责任

1. 由于保管方的责任,造成退仓或不能入库时,应按合同规定赔偿存货方运费和支付违约金。

2. 对危险物品和易腐货物,不按规程操作或妥善保管,造成毁损的,负责赔偿损失。

3. 货物在储存期间,由于保管不善而发生货物灭失、短少、变质、污染、损坏的,负责赔偿损失。如属包装不符合同规定或超过有效储存期而造成货物损坏、变质的,不负赔偿责任。

4. 由保管方负责发运的货物,不能按期发货,赔偿存货方逾期交货的损失。

5. 错发到货地点,除按合同规定无偿运到规定的到货地点外,还要赔偿存货方因此而造成的实际损失。

(二)存货方的责任

1. 易燃、易爆、有毒等危险物品和易腐物品,必须在合同中注明,并提供必要的资料,否则造成货物毁损或人身伤亡,由存货方承担赔偿责任直至由司法机关追究刑事责任。

2. 存货方不能按期存货,应偿付保管方的损失。

3. 超议定储存量储存或逾期不提时,除交纳保管费外,还应偿付违约金。

续表

(三) 违约金和赔偿方法

1. 违反货物入库计划的执行和货物出库的规定时,当事人必须向对方交付违约金。违约金的数额,为违约所涉及的那一部分货物的3个月保管费(或租金)或3倍的劳务费。

2. 因违约使对方遭受经济损失时,如违约金不足抵偿实际损失,还应以赔偿金的形式补偿其差额部分。

3. 前述违约行为,给对方造成损失的,一律赔偿实际损失。

4. 赔偿货物的损失,一律按照进货价或国家批准调整后的价格计算;有残值的,应扣除其残值部分或残件归赔偿方,不负责赔偿实物。

十二、不可抗力

如遇有不可抗力事件的一方,应立即将事故情况通知对方,并应在____天内,提供事故详情及合同不能履行或者部分不能履行或者需要延期履行的有效证明文件,此项证明文件应由事故发生地区的公证机构出具。

十三、合同变更

对于本合同的未尽事宜,由双方协商解决。如需修改合同,应经双方同意,并以书面形式进行变更。

十四、争议解决

本合同在履行过程中发生争议,双方应及时协商;协商不成时,双方均可向甲方所在地的人民法院提起诉讼。

十五、合同留存及效力

本合同自____年____月____日起生效,合同执行期间,甲乙双方均不得随意变更或解除合同。本合同一式两份,甲乙双方各执一份;合同副本一式____份,分送甲乙双方的主管部门、银行(如须经公证或鉴证,应送公证或鉴证机关)等单位各留存一份。

购货单位(甲方):　　　　　　　　供货单位(乙方):
法定代理人:　　　　　　　　　　　法定代理人:
委托代理人:　　　　　　　　　　　委托代理人:
地址:　　　　　　　　　　　　　　地址:
电话:　　　　　　　　　　　　　　电话:
日期:　　　　　　　　　　　　　　日期:

第10章

国际物流管理

10.1 国际物流系统的类型、构成与模式

国际物流是指不同国家之间的物流,是国际间贸易的一个必然组成部分,各国之间的相互贸易最终通过国际物流来实现。

10.1.1 国际物流系统的类型

国际物流系统的类型主要有四类,如表10-1所示。

表10-1 国际物流系统的类型

类型	内容
流通型物流系统	流通型物流系统是以组织国际货物在系统中运动为主要职能的物流系统,如流通仓库、流通中心、配送中心等
综合型物流系统	综合型物流系统是指在一个物流系统中全面实现两种以上主要功能,并且在物流系统中并非独立完成各种功能,而是将若干功能有机结合为一体的集约型物流系统
转运型物流系统	转运型物流系统是以连接不同运输方式为主要职能的物流系统,如铁路运输线上的货站、编组站、车站等;公路运输线上的车站、货场(站)等;航运线上的机场;海运线上的港口、码头等;不同运输方式之间的转运站、终点站、口岸等
储存型物流系统	储存型物流系统是以存放货物为主要职能的物流系统,如储存仓库、营业仓库、中转仓库、口岸仓库、港口仓库、货站等

10.1.2 国际物流系统的构成

国际物流系统就是为了有效达到物流目的的一种机制,而物流的目的是追求以最低的物流成本向客户提供优质的物流服务。国际物流系统的构成,如表10-2所示。

表 10-2　国际物流系统的构成

构成	说明
国际货物运输子系统	货物运输子系统是国际物流系统的核心子系统,运输的作用是将商品进行空间移动,物流系统依靠运输作业克服商品生产地和需求地的空间距离阻隔,创造商品的空间效益; 商品通过国际货物运输作业由卖方转移给买方; 具有路线长、环节多、涉及面广、手续繁杂、风险性大、时间性强、内外运输两段性和国际多式联运等特点
仓储子系统	商品的储存和保管使商品在其流通过程中处于一种或长或短的相对停滞状态,这种停滞是完全必要的。因为商品流通是一个由分散到集中,再由集中到分散的流通过程; 国际贸易和跨国经营中的商品从生产厂家或供应部门被集中运送到装运港口,有时需临时存放一段时间再装运出口,这是一个集和散的过程,这段过程是仓储子系统的管理范畴,它主要是在各国的保税区和保税仓库进行的,主要涉及各国保税制度和保税仓库建设等方面
商品检验子系统	由于国际贸易和跨国经营具有投资大、风险高、周期长等特点,就使得商品检验成为国际物流系统中重要的子系统; 通过商品检验,确定交货品质、数量和包装条件是否符合合同规定,如发现问题,可分清责任并向有关方面索赔
商品包装子系统	目前国际物流过程中,商品包装也是物流业务的重要环节,很多商品的包装过程由物流企业完成; 在考虑出口商品包装设计和具体作业过程时,应把包装、储存、搬运和运输有机联系起来,统筹考虑,全面规划,实现现代国际物流系统所要求的包、储、运一体化。即从开始包装商品时就考虑储存的方便、运输的快捷,以加速物流速度,减少物流费用,使其符合现代物流系统设计的各种要求
通关子系统	国际物流的一个重要特点就是货物要跨越关境,由于各国海关的规定并不完全相同,所以对于国际货物的流通而言,各国的海关可能会成为国际物流中的"瓶颈"。要消除这一"瓶颈",就要求物流经营人员熟知有关国家的通关制度,在适应各国通关制度的前提下,建立安全有效的快速通关系统,保证货畅其流; 我国的海关为进出境的货物制定了有关的监管规定和程序,以促进我国对外贸易的发展,并为办理有关手续提供方便
进出口商品装卸与搬运子系统	装卸搬运子系统主要指对国际货物运输、保管、包装、流通加工等物流活动进行衔接的活动,以及在保管等活动中配合检验、维护、保养所进行的装卸活动,伴随装卸活动的搬运一般也包括在这一活动中; 在国际物流活动中,装卸活动是频繁发生的,因而也是产品损坏的重要原因; 装卸活动的管理过程中,应当确定最恰当的装卸方式,力求减少装卸次数,合理配置及使用装卸机具,以做到节能、省力、减少损失、加快速度,最终获得较好的经济效果
信息子系统	信息子系统的主要功能是采集、处理及传递国际物流和商流的信息情报; 没有功能完善的信息系统,国际贸易和跨国经营将寸步难行。国际物流信息主要包括进出口单证的作业过程信息、支付方式信息、客户资料信息、市场行情信息和供求信息等; 国际物流信息系统的特点是信息量大、交换频繁,传递量大、时间性强,环节多、点多、线长,所以要建立技术先进的国际物流信息系统

10.1.3 国际物流系统的运作流程

国际物流系统通过各子系统发挥功能,包括采购功能、运输功能、储存功能、装卸搬运功能、包装功能、流通加工功能、商品检验功能以及信息处理功能等。它们相互协作,以实现国际物流系统所要求达到的低国际物流费用和高客户服务水平的目标,从而最终达成国际物流系统整体交易最大的目标。

国际物流系统以实现国际贸易、国际货物交流大系统的总体目标为核心。国际贸易合同签订后的履行过程,就是国际物流系统的实施过程。国际物流系统的运作流程如图 10-1 所示。

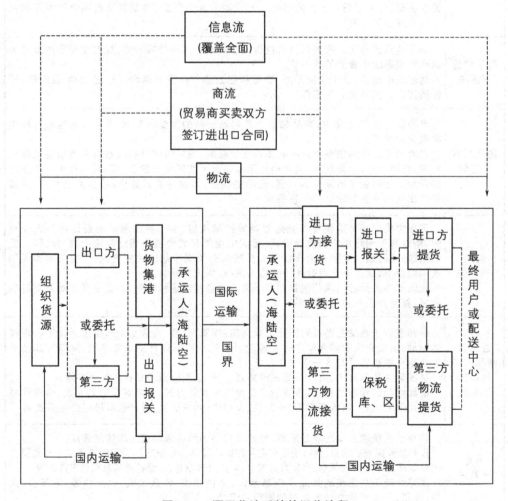

图 10-1 国际物流系统的运作流程

10.2　国际物流管理细节

10.2.1　工具1：海运托运单

海运托运单在国际物流业务中较为常见，如表10-3所示。

表10-3　海运托运单

委托书：　　　　　　　　　　　　　　　　　　　　日期：　　年　　月　　日
合同号：　　　　　　　　　　　　　　　　　　　　信用证号：

发货人		装船日期	
^^		可否分批	
^^		可否转船	
收货人		总值	
^^		总净重	
^^		总毛重	
通知方		交货条件	
^^		海关编码	
^^		提单份数	
装运港	目的港	备注： 1. 请提前两天传真提单确认件(含船名、船次及提单号)，以便我公司办理其他单据 2. 提单一经签发并邮寄,请立即传真至我公司	
唛头	货物名称与规格	数量与毛重	包装
			尺码
单据请寄至			
经办人	电话	传真	操作员

10.2.2 工具 2：海运装箱单

海运装箱单如表 10-4 所示。

表 10-4 海运装箱单

客户(商铺号)						装箱日期				
公司名称						发货人				
提单号			集装箱号			船名/航次				
提单编号	货物编码	海关编码	货物描述	箱数	箱内件数	总件数	单价/美元	总价/美元	单件方数	总方数	总重量/kg
总量						原产地		(附证书)		
签名						日期				

注：要求标注特殊货物的颜色、尺寸、日期代码等。

10.2.3 工具 3：海运收货单

海运收货单如表 10-5 所示。

表 10-5 海运收货单

船名				
航次				
目的港				
托运人				
收货人				
通知				
下列完好状况之货物业已收妥无损				
唛头	货名	件数	毛重量/kg	体积/m³
共计件数(大写)				

续表

日期		时间	
装入何仓			
实收			
理货员签名		大副	

10.2.4 工具 4：海运提货单

海运提货单如表 10-6 所示。

表 10-6 海运提货单

提货单编号：

收货人			下列货物已办妥手续,运费结清, 请准许交付收货人		
通知人					
船名		航次		唛头：	
提单号		交付条款			
起运港		目的港			
卸货地点		进场日期			
箱进口状态					
抵港日期		到付海运费			
一程船		提单号			
集装箱/铅封号	货物名称		件数与包装	重量/kg	体积/m³
请核对放货： 凡属法定检验、检疫的进口商品,必须向有关监督机关申报					
海关章			提货专用章		

10.2.5 工具 5：进口货物报检单

进口货物报检单如表 10-7 所示。

表 10-7 进口货物报检单

报检单位（加盖公章）： 　　　　　　　　　　　　编　　号：

报检单位登记号： 　　联系人： 　　电话： 　　报检日期：　年　月　日

发货人	(中文)				
	(外文)				
收货人	(中文)				
	(外文)				

货物名称(中/外文)	海关编码	产地	数/重量	货物总值	包装种类及数量

运输工具名称号码		贸易方式		货物存放地点	
合同号		信用证号		用途	
到货日期					
启运地					
集装箱规格、数量及号码					
合同、信用证订立的检验检疫条款或特殊要求		标记及号码		随附单据	

需要证单名称(划"√"或补填)		检验检疫费	
□ 品质证书	□ 动物卫生证书	总金额/元	
□ 重量证书	□ 植物检疫证书		
□ 兽医卫生证书	□	计费人	
□ 健康证书	□		
□ 卫生证书	□	收费人	

报检人郑重声明：	领取证单	
1. 本人被授权报检		
2. 上列填写内容正确属实，货物无伪造或冒用他人的厂名、标志、认证标志，并承担货物质量责任	日期	
签名：	签名	

10.2.6　工具 6：进口货物报关单

进口货物报关单在国际物流实务中十分常见，如表 10-8 所示。

表 10-8 进口货物报关单

预录入编号：　　　　　　　　　　　　　　　　　　　海关编号：

进口口岸		备案号		进口日期		申报日期	
经营单位		运输方式		运输工具名称		提运单号	
收货单位		贸易方式		征免性质		征税比例	
许可证号		起运国 (地区)		装货港		境内 目的地	
批准文号		成交方式		运费		保费	杂费
合同 协议号		件数		包装 种类	毛重 /kg	净重 /kg	
集装箱号		随附 单据			用途		
标记唛码及备注							

序号	商品编号	商品名称	规格型号	数量 及单位	最终目的国 (地区)	单价	总价	币制	征免

税费征收情况	
录入员　录入单位	海关审单批注及放行日期(签章) 审单　　　　　　　　　　　审价
兹声明以上申报无讹并承担法律责任 报关员： 单位地址：　　申报单位(签章)： 邮编：　　电话：　　填制日期：	征税　　　　　　　　　　　统计 查验　　　　　　　　　　　放行

10.2.7 工具 7：出口货物报检单

出口时常用到出口货物报检单，如表 10-9 所示。

表10-9 出口货物报检单

报检单位（加盖公章）：　　　　　　　　　　编号：

报检单位登记号：　　　联系人：　　　电话：　　　报检日期：　　年　　月　　日

发货人	（中文）					
	（外文）					
收货人	（中文）					
	（外文）					
货物名称(中/外文)		海关编码	产地	数/重量	货物总值	包装种类及数量
运输工具名称号码			贸易方式		货物存放地点	
合同号			信用证号		用途	
发货日期			输往国家（地区）		许可证/审批号	
启运地			到达口岸		生产单位注册号	
集装箱规格、数量及号码						
合同、信用证订立的检验检疫条款或特殊要求			标记及号码		随附单据(划"√"或补填)	
					□合同　　　　□厂检单　　　□信用证　　　□包装性能结果单　　　□发票　　　　□许可/审批文件　　　□换证凭单　　□　　　□装箱单　　　□	
需要证单名称(划"√"或补填)					检验检疫费	
□品质证书正副			□植物检疫证书正副		总金额/元	
□重量证书正副			□重蒸/消毒证书正副			
□数量证书正副			□出境货物换证凭单		计费人	
□兽医卫生证书正副			□			
□健康证书正副			□		收费人	
□卫生证书正副			□			
□动物卫生证书正副			□			
报检人郑重声明： 1.本人被授权报检 2.上列填写内容正确属实，货物无伪造或冒用他人的厂名、标志、认证标志，并承担货物质量责任 签名：					*领取证单	
					日期	
					签名	

注：带"*"号的栏目由海关填写。

10.2.8 工具 8：出口货物报关单

出口货物报关单在国际物流实务中也十分常见，如表 10-10 所示。

表 10-10 出口货物报关单

预录入编号：　　　　　　　　　　　　　　　　　　海关编号：

出口口岸		备案号		出口日期		申报日期	
经营单位		运输方式		运输工具名称		提运单号	
收货单位		贸易方式		征免性质		结汇方式	
许可证号		运抵国（地区）		指运港		境内货源地	
批准文号		成交方式		运费		保费	杂费
合同协议号		件数		包装种类	毛重/kg		净重/kg	
集装箱号				随附单据		生产厂家	
标记唛码及备注							

序号	商品编号	商品名称	规格型号	数量及单位	最终目的国（地区）	单价	总价	币制	征免

税费征收情况

录入员	录入单位	兹声明以上申报无讹并承担法律责任	海关审单批注及放行日期(签章)
			审单　　　　　　审价
报关员： 单位地址：　　申报单位(签章)： 邮编：　　电话：　　填制日期：			征税　　　　　　统计 查验　　　　　　放行

10.2.9 工具9：国际货运保险单

国际物流业务实务中，保险的办理是其中的重要事项。表10-11为常见的国际货运保险单。

表10-11 国际货运保险单

发票号码（INVOICE NUMBER）：

保险单号次（POLICY NUMBER）：

合同号（CONTRACT NO.）：

信用证号（L/C NO.）：

发票金额（INVOICE AMOUNT）： 投保加成（PLUS）：

货物运输保险投保单 (APPLICATION FORM FOR CARGO TRANSPORTATION INSURANCE)	
被保险人： INSURED：	
根据被保险人的要求，及其所缴付约定的保险费，按照本保险单承担险别和背面所载条款与下列特别条款承保下列货物运输保险，特签发本保险单。 This policy of insurance witness at the request of the insured and in consideration of the agreed premium paid by the insured, undertakes to insure the undermentioned goods in transportation subject to the conditions of the Policy as per the Clauses printy overleaf and other special clauses attached hereon.	
保险货物项目： DESCRIPTION OF GOODS：	包装： PACKING：
单位：　　　　数量： UINT：　　　　QUANTITY：	货物标记： MARKS OF GOODS：
货物种类(GOODS) 请如实告知下列情况(如"是"在[ ]中打"√"，"不是"打"×")： IF ANY,PLEASE MARK'√'OR'×'： 袋装(BAG/JUMBO)　　　[ ]　　散装(BULK)　　　　　　　　　[ ] 冷藏(REFRIGERATE)　　[ ] 液体(LEQUID)　　　　　[ ]　　机器/汽车(MACHINE/AUTO)　　[ ] 活动物(LIVE ANIMAL)[ ]　　危险品等级(DANGEROUS CLASS)[ ]	

续表

承保险别： CONDITION：	保险金额： AMOUNT INSURED：
总保险金额： TOTAL AMOUNT INSURED：	保费： PREMIUM：
载运输工具： PER CONVEYANCE S. S：	开航日期： DATE OF COMMENCEMENT：
船籍： PARTICULAR OF SHIP：	船龄： RIGISTRY AGE：
起运港： FROM：	目的港： TO：

所保货物，如发生本保险单项下可能引起索赔的，应立即通知本公司下述代理人查勘。如有索赔，应向本公司提交保险单正本（本保险单共有2份正本）及有关文件。如一份正本已用于索赔，其余正本则自动失效。

In the event of loss or damage which may result in a claim under this Policy, immediate notice must be given to the company agent as mentioned here under Claims, if any, one of the Orignnal Policy wich has been issued in 2 Original(s), together with the relevant documents shall be surrendered to the company. If one of the Original Policy has been accomplished, the others to be void

赔款偿付地点： CLAIM PAYABLE AT：	
货损检验及理赔代理人： SURVEYING AND CLAIM SETTLING AGENTS：	
日期： DATE：	在： AT：
地址： ADDRESS：	
保险单背书： ENDORSEMENT：	
签名： AUTHORIZED SIGNATURE	

10.2.10 流程1：进出口货物报关工作流程

进出口货物的报关工作流程主要分为四个步骤，如图10-2所示。

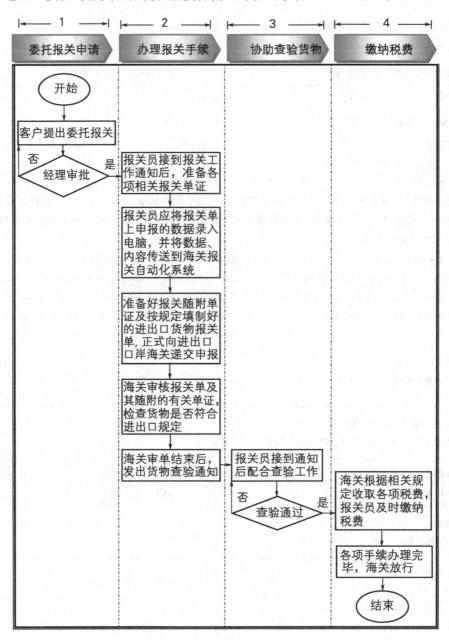

图 10-2 进出口货物报关工作流程

10.2.11 流程 2：国际运输保险管理工作流程

国际运输保险管理通常有四个步骤，如图 10-3 所示。

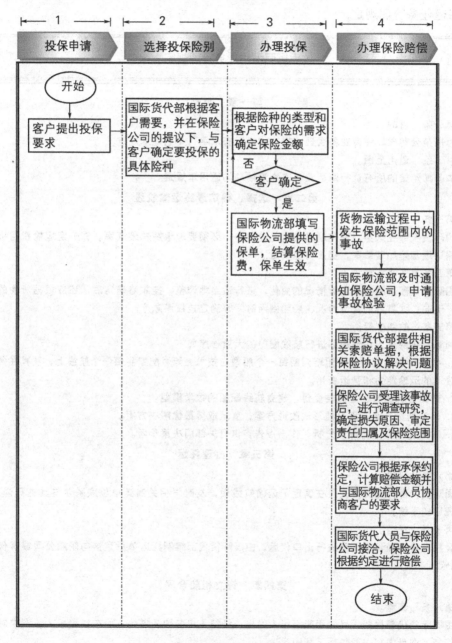

图 10-3 国际运输保险管理工作流程

10.2.12 规定：××公司国际海运管理规定

为规范国际物流业务，企业通常都会制定相应的管理规定。下面是某公司的国际海运业务管理规定。

国际海运业务管理规定

第一章　总则

第一条　目的。
为规范公司国际海运业务管理，提高物流服务水平，特制定本规定。
第二条　适用范围。
本公司承接的所有进行海运业务的物流活动均适用本规定。

第二章　选择、确定最终运输航线

第三条　确定航线结构。
国际货代部在选择、确定航线结构的过程中，必须要考虑船舶装载率。在一定运输费用标准下保证增加船舶装载率，提高货运质量。
第四条　选择挂靠港。
国际货代部应随着货源等情况的变化，进行适当地调整，挂靠港确定后，还应根据货物的流量、流向、挂靠港的营运情况、船舶到港时间等确定挂靠港顺序。
第五条　航线配船。
国际货代部运用线性规划进行航线配船的大致程序如下。
1. 根据船型、航线资料粗略判断每一个船型在技术上能否配置到每一个航线上，及其在各条航线上的运输能力和营运费用。
2. 选用目标函数、定义自变量，建立航线配船的数学模型。
3. 确定初始方案，用单纯形法改进方案，直至取得最优解决方案。
4. 对最优方案进行综合分析，作出报告，供有关部门决策参考。

第三章　办理托运

第六条　订舱。
国际货代部订舱负责人员在确定了运输航线后，及时与相关海运单位联系并与其进行沟通、办理订舱手续。
第七条　托运。
委托方委托国际货代部进行出口代运，由国际货代部缮制托运单后直接向船舶公司或其代理（船代）办理订舱手续。

第四章　订立租船合同

第八条　询盘。
由国际货代部租船人员向租船经纪人发出，经纪人将各种要求转告船东或租船人，要求其作出答复。询盘内容一般包括下列内容。

1. 询租程租船过程中需要明确的内容：数量、货类、包装、装港、卸港、受载期、装卸率、滞期速遣费、佣金，以及船东不负责装卸（FIO）的报价条件。

2. 询租期租船过程中需要明确的内容一般包括：船舶类型、载重吨、船令、吊杆船具、租期、交船地点、还船地点、交船期、航行范围、佣金等。

第九条　报盘。

1. 国际货代部租船人员要事先拟定好自己的租船合同范本，分送给租船经纪人或船东，等正式报盘时使用。

2. 由船公司或者船东首先报盘，国际货代部租船人员代表租船方仔细研究船舶的报盘，为选择合适的船舶公司与船东向部门经理提出合理化建议。

第十条　还盘。

1. 国际货代部租船负责人员与部门经理在代表租船方接受对方报盘中部分条件的同时，可以提出自己不同意的条件（即还盘）。

2. 租船人员在协助部门经理还盘时，先要仔细审查对方报盘的内容，看哪些内容可以接受，哪些内容需要修改，哪些内容需要补充，哪些内容需要删掉，哪些内容不清楚，都要提出和明确。

第十一条　接受。

国际货代部租船人员接到船舶公司或船东所报实盘后，经过双方多次在还盘中讨价还价，直到最后一次还实盘的全部内容被双方接受，就算成交。

第十二条　签订租船合同。

1. 租约通常缮制正本两份，签署后由当事人双方各持一份存档备查。签约有租船人与船舶公司或船东直接签约和租船代理签约两种形式。

2. 正式的租约实际是在合同条款被双方接受后开始拟定的。在此之前，双方共同承诺的实盘中的条款已作为合同产生约束双方的效力。

第五章　集装箱装箱

第十三条　确定集装箱货物装箱方式。

集装箱货物装箱方式一般有整箱和拼箱两种。

第十四条　确定集装箱装箱运输方式。

集装箱运输可分为直拼与混拼两种方式。因直拼比混拼有明显的优点，所以有条件的应采用直拼运输方式。但要注意影响直拼与混拼运输方式的因素。

1. 影响直拼运输的主要因素：出运港直抵目的港的航班及时间、货物数量及备货时间、买卖合同和信用证的规定等。

2. 影响混拼运输的主要因素：除直拼条件与要求外，还包括转运港货物滞留时间、费用与服务情况。

有时，为使货物及时出运，宜采用转拼方式，即把承接的货物转移给具有拼装能力的其他货运代理商，并由其为货物安排拼装运输。

第十五条　办理货物进站单证。

货物进站单证，由一套多联组成，每一联都有其相应的作用与功能。经当事人签署的单证是货物交接和责任划分的重要凭证。因此，负责此工作的人员须正确缮制和填写单证，以已审核清楚、正确的托运单内容为依据，使货物实体与单证相符合。

续表

第十六条　货物进站或入库。
负责集装箱拼箱的人员应及时通知货运站或仓库经管部门有关货物进站或入库的时间和情况，并要求在现场按照提交单证的内容，对进站的货物进行查验、点数，包括货物实体与包装是否符合拼箱和运输的各项要求、货运文件是否齐备，货物是否办理检验、报关等出口手续。

第十七条　监管货物装箱过程。
1. 负责集装箱拼箱的人员根据装货物的性质与要求，在现场对整个货物拼箱过程进行监察和协助工作，指导箱内货物置放，核实货物拼装的箱子及实际承运入箱货物的数量等。
2. 拼装过程中如发现或发生涉及托运方权益相关的事宜，应及时联系托运方并经其同意（书面）后作出相应处理。

第十八条　绘制货物积载图并贴放。
1. 集装箱拼箱人员根据海关要求，及时绘制箱内货物积载图并按规定进行贴放。
2. 检查箱门和铅封情况，确保安全和牢固。
3. 及时获得货物拼箱记录，更正已备制的装箱单及其他相关单证。
4. 拼箱货物应及时订舱和送至约定地点，按规定进行出口申报和文件报备。

第十九条　备制与签发提单。
1. 掌握货物在码头及装船情况，做好拼箱货的提单备制工作，并按规定签发各票拼箱货运提单给各相关托运方。
2. 通知转运港或目的港代理人有关拼箱货运抵的情况及要求，及时提供有关文件与货运资料，以便货物在转运港或目的港的各项进出口通关、转运或提货、拆箱、分拨和交付事项得到及时安排和处理。

第六章　报关、通关

第二十条　报关。
国际货代部报关员应按规定向海关申报，并在交验的进出口载货清单（舱单）或者装载清单、交接单、运单上，列明所载集装箱件数、箱号、尺码、货物的品名、数量（或重量）、收发货人、提单或装货单号等有关内容，并同时附交每一个集装箱的装货清单。

第二十一条　通关。
通关作业包括物流监控、报关单电子数据申报、集中审单、接单审核/征收税费、查验、放行等各项作业环节。

第七章　装运和转船

第二十二条　装运。
1. 国际货代部业务人员应在船舶公司通知的时间内通知相关部门将出口货物发运到港区内的指定仓库或货场。
2. 发货前要逐票核对货名、数量、标记、配载船名、装货单号码，应做到单货相符、船货相符。发货时，如发现包装破损或残缺，应及时修复或调换。

第二十三条　转船。
1. 转船原因：至目的港无直达船或无合适的船；目的港不在装载货物的班轮航线上；货物零星分散，班轮不愿停泊目的港；由于联运货物等原因，货物装运后允许在中途港换装其他船舶转至目的港等。
2. 需要转船时，双方要在合同中作出规定允许转船条款。

续表

第八章 运费结算与货物交接

第二十四条 运费结算。

国际货代部负责运费计算的人员要对海运业务相关费用进行计算，然后报部门经理审批，再报财务部进行结算。主要对班轮运费、运价表费用、集装箱运费进行结算。

第二十五条 货物交接。

1. 货物到港卸货前一般由船方申请理货公司理货，理货公司代表船方将货物按提单、标记、唛头点清件数，验看包装后，拨交给收货人。监卸人是收货人的代表，应在现场与理货员密切配合，把好质量、数量关，并应要求港方卸货人员按票卸货，防止混卸和不规范操作。
2. 国际货代部进出口操作员负责进出口货物的监卸，并办理交接工作。

10.2.13 制度：货物报关管理制度

下面是某公司的货物报关管理制度。

货物报关管理制度

第一条 目的。

为保证公司在国际货代贸易中报关工作的正常进行，规范报关工作的流程和操作，特制定本制度。

第二条 适用范围。

本制度适用于公司进行进出口货物的报关工作。

第三条 报关的范围。

按照法律规定，所有出入境的运输工具、货物、物品都需要办理报关手续。报关内容包括以下3项。

1. 运载人员、货物、物品出入境的国际间运营船舶、车辆或飞机等。
2. 一般出入境货物，保税货物，暂准出入境货物，特定减免税货物，过境、转运等其他出入境货物。
3. 出入境人员携带、托运的行李物品。

第四条 报关员上岗要求。

报关员正式上岗前要经过专门的业务培训，通过报关员资格考试，并在海关登记注册。办理报关业务时，报关员须持证办理。

第五条 报关员考核。

报关员应按规定参加海关针对报关业务的计分考核。

第六条 报关初步审查。

报关员应对报关货物和单证进行初步审查，并对其中的异常情况向货主进行了解。

续表

第七条 报关申报要求。

在货物进出口时,报关员应根据不同货物的性质和运输业务,在海关规定的期限内,按规定格式填写"进出口货物报关单",保证报关单上的货物和单位信息准确、清晰。向海关申报时,报关单要随附相关货运、商业单据,以及批准货物进出口的证件。报关涉及的主要单证和具体要求如下表所示。

报关涉及的主要单证和具体要求

类型	具体要求
进出口货物报关单	填写要求一式两份,报关单填报项目要准确、齐全、字迹清晰; 凡海关规定有统计代号以及税则号列及税率一项的,由报关人员用红笔填写; 每份报关单限填报四项货物
货运和商业单据	包括"海运进口提货单""海运出口装货单""陆/空运运单"、货物的发票、货物的装货单等; 如海关要求,报关员还应交验贸易合同、订货卡片、产地证明等; 按规定享受减、免税或免检的货物,随报关单交验证明文件
进出口货物许可证	只有经营范围外的货物进出口时,报关员才须交验许可证
其他相关单证	国家规定的进出口管制货物,报关员应向海关提供由相关部门批准、办理的进出口货物单证,由海关查验合格无误后再予以放行

第八条 接受查验通知。

报关员在接到海关的查验通知后,需及时确认查验的具体地点和时间。

第九条 现场配合检查工作。

报关员与货物保管人员应在现场配合海关查验人员检查货物,并按海关要求负责办理货物的搬移、拆装箱和查验货物包装等工作。如实回答海关查验人员提出的问题并提供必要的资料。

第十条 申请海关赔偿。

报关员在海关查验货物后,应针对由于海关关员而损坏的货物,向海关提出赔偿要求。申请赔偿主要有以下3个步骤。

1. 向海关出具有责任海关官员和报关员以及现场见证人三方签字的"海关查验货物、物品损害报告书"。

2. 报关员应通知并协同货主与海关商定货物受损程度,确认海关对货物的赔偿金额。

3. 报关员凭海关发出的"海关损坏货物、物品赔偿通知单"在收到通知单的3个月内向海关领取赔偿。

第十一条 关税的缴纳。

报关员应在海关填发税款缴纳证次日起7日内(节假日顺延),到指定银行缴纳税款。

第十二条 关税的退还。

当货物缴纳税款多纳时,报关员应于缴纳税款之日起1年内,书面备明申请理由,连同纳税收据一齐交给海关,申请税款退还。报关员最后办理结关手续时,增附一份"退税专用报关单"。报关员将加盖海关"验讫章"的报关单交给公司相关业务人员到退税地办理退税。

第十三条 结关手续办理。
报关员应凭海关开具的税款缴款书和收费票据及时到指定银行办理税费的交付手续,并将银行的缴款回执上交海关。报关员应及时签收加盖海关放行章的货物提单凭证,结束海关手续。
第十四条 本制度由国际货代部制定,经总经办审核后批准。
第十五条 本制度自颁布之日起实施。

10.2.14 合同:国际货运代理合同

下面是某公司的国际货运代理协议模板。

国际货运代理协议

合同编号:
甲方: 乙方:
法定地址: 法定地址:
法定代表人: 法定代表人:

甲、乙双方本着互惠互利、诚信为本的精神,为推动共同发展与友好合作,维护各自权力,经友好协商,就有关国际代理货物运输及责任、权益事宜达成以下协议。

一、代理范围

乙方作为甲方的国际货物运输代理,接受甲方委托承办下列国际运输事宜。

1. 空(海)运、国际航空快递业务的订舱、仓储等。
2. 空、海运货物的进出口的门到门运输服务。
3. 与进出口货运相关的报关、报检、报验、保险等。
4. 缮制有关单证。
5. 陆运(境内,境外)。
6. 其他与进出口货运有关的业务(例如国际航空快递等)。

二、甲方责任

1. 对于本协议项下的货物运输,甲方应当遵照本协议规定的相应操作流程执行,并承担所规定的提供单证、货物等职责。
2. 甲方根据乙方要求,负责提供下列全部或部分单据和文件,并保证有关文件、单据的真实性、合法性、完备性。
(1)进出口委托单(含运价确认)。
(2)报关单及报关委托书。
(3)手册。
(4)核销单。
(5)装箱单和发票。

续表

　　(6) 三检证。

　　(7) 如系危险品,应提供相关文件。

　　(8) 其他与进出口货运有关的单据和文件。

　　3. 甲方按本协议结算条款及运、杂费费率规定偿付运费及其他相应费用的责任,对于运费到付货物的运费,甲方作为第二偿付人,在收货方拒付运费情形下履行运费偿付的责任。甲方不得因自身或任何第三方原因拒绝或拖延本协议项下的运费。

　　4. 甲方应对因未能履行相应操作流程或上述第二条第二款的责任或其他自身原因引起的运期推迟、额外支出及其他后果负责。

　　5. 甲方不得向乙方提出不合理、不合法的要求,并不得以此类要求未能满足为由不履行本协议。

三、乙方责任

　　1. 乙方应严格遵照本协议之相应操作流程执行。

　　2. 乙方应尽力保证甲方委托之运输在规定时间内完成。

　　3. 乙方保证所从事的相关活动不超出本协议规定的代理范围,并保证自觉维护委托方的利益,不得以任何不正当理由损害甲方利益。

　　4. 乙方应对已经签收的货物负责,直至移交给其承运人或甲方及其代表。

　　5. 乙方有责任向甲方提供运输咨询,并帮助甲方设计最安全、快捷、经济的运输线路和方案。对于已运输货物,乙方应按甲方要求有责任就货物状况作出报告。

　　6. 除不可抗力之外,乙方应对因乙方过失、故意等原因引起的运期推迟、额外支出、货物短装、破损及其他后果负责。

　　7. 乙方可为甲方制定配合甲方生产、销售实际需要的国际物流推荐方案,使甲方以低费用得到快捷、优质的国际物流服务。该方案由甲方认可之后实施。

四、单据的传送

　　1. 委托单:在接到甲方委托单后,乙方负责向航空(或船、国际航空快递)公司订舱,并立即将航班号(或船次)、运(或提)单号等通知甲方。

　　2. 报关单据:如甲方委托乙方代理报关,甲方负责在航班起飞(或开船)或到达天前将报关单、手册、核销单等有关单据交至乙方,由乙方负责办理报关手续。

　　3. 三检单据:如甲方委托乙方代理三检,甲方负责于航班起飞(或开船)或到达天前将有关办理三检的单据交至乙方,由乙方负责办理报检手续。

　　4. 陆运单据:如甲方委托乙方陆运,甲方负责将运输地址、联系人及电话等提供于乙方,由乙方选派车队运输。甲方应在约定时间内将货物备妥,乙方应及时安排车辆到达约定地点。

　　5. 更改单据:对于任何更改,甲方须在航班起飞(或开船)前48h以书面形式通知乙方,由此产生的任何费用和损失由甲方承担。

　　6. 运单:乙方负责缮制运单(提单),由甲方确认;航班起飞(或开船)后,乙方负责签发正本运单(或提单)或传真运单(或提单)副本至甲方。

续表

五、费用结算

1. 本协议所述"代理费"包括但不限于如下费用：
（1）空（海）运费、国际航空快递费。
（2）陆运费。
（3）联运费。
（4）地面费。
（5）仓储、装卸费。
（6）报关及三检费。
（7）代理费。
（8）港杂费、包干费及其他一切由甲方所需服务可能发生的费用。

2. 出口货物装船、装机完毕，乙方签发提单/运单并开列运杂费清单及发票。甲方收到运杂费发票及清单后，应在 个工作日内付清运杂费/签订付款协议书，并换回提单/运单。

3. 若是进口货物，甲方需在乙方仓库提货或乙方送货时（前）偿付运杂费或签订付款协议书。

4. 甲方对乙方开列的运杂费账单若有异议，则应在收到运杂费账单 个工作日内向乙方提出，并协助乙方的对账工作。

5. 甲方收到乙方开具的杂费账单若并无异议，却未能在 个工作日完成运杂费偿付或未能在付款协议指定期限内偿付运杂费，则乙方将就未尝付运杂费向甲方收取滞纳金。

6. 双方结算用银行账号如下所示。

甲方账号：　　　　　　　　　乙方账号：
开户行：　　　　　　　　　　开户行：

7. 双方结算联系人、电话。

甲方联系人：　　　　　　　　乙方联系人：
电话：　　　　　　　　　　　电话：

8. 本协议结算所涉及汇率按业务发生当月 15 日中国银行公布的汇率中间价执行，另有约定的除外。

六、风险违约责任

1. 代理安排运输的过程中，如由航空公司（或国际航空快递公司 DHL 等）、船舶公司、陆运车队过错而给甲方造成经济损失，可由乙方代为向航空公司（或国际航空快递公司 DHL 等）、船舶公司、陆运车队索赔。乙方不承担由第三方如航空公司（或国际航空快递公司 DHL 等）、船舶公司、陆运车队的过错造成的经济损失。但乙方应尽力为甲方索赔。甲方为防备国际长途运输中诸多不可测致损因素应以加上相应保险回避风险。

2. 如甲方不能依上述规定及时向乙方付清代理费，甲方同意按每日万分之五向乙方支付迟延付款违约金，时间自迟延支付之日起至甲方付清其欠款之日止。

七、附则

1. 对本协议条款如有任何修改或补充，甲乙双方均应在友好协商的基础上订立补充协议。该

续表

补充协议作为本协议的组成部分，与本协议具有同等法律效力。补充协议应与本协议一同盖有乙方正本合同骑缝章，并在补充协议上加盖双方正本公章或合同章方为有效。 2. 本协议自双方加盖正本公章或合同章之日起生效，有效期为1年，此间乙方为甲方的唯一物流供应商，协议期满前1个月内，甲乙双方均有权提出修改协议条款、重新签订协议或者书面通知双方不拟续签协议，否则本协议自动延续1年，并可按此方法一直延续下去。 3. 本公司物流服务为自主的服务品牌，价格也为自主价格，本公司有更改的权利。 4. 本协议具有可分割性，本协议任何部分的无效或不可执行，不影响其他条款的效力和执行。 5. 本协议一式两份，甲乙双方各执一份。 甲方签章：　　　　　　　　　　　　　　　　乙方签章： 日期：　　年　　月　　日　　　　　　　　　日期：　　年　　月　　日